铁路桥梁隧道工程施工技术

王海峰　田德文　高川川　主编

延边大学出版社

图书在版编目（CIP）数据

铁路桥梁隧道工程施工技术 / 王海峰，田德文，高川川主编. -- 延吉：延边大学出版社，2023.10
ISBN 978-7-230-05642-7

Ⅰ. ①铁… Ⅱ. ①王… ②田… ③高… Ⅲ. ①铁路桥－桥梁工程－工程施工②铁路隧道－隧道工程－工程施工 Ⅳ. ①U448.13②U459.1

中国国家版本馆CIP数据核字(2023)第197784号

铁路桥梁隧道工程施工技术

主　　编：王海峰　田德文　高川川	
责任编辑：董　强	
封面设计：文合文化	
出版发行：延边大学出版社	
社　　址：吉林省延吉市公园路977号	邮　　编：133002
网　　址：http://www.ydcbs.com	E-mail：ydcbs@ydcbs.com
电　　话：0433-2732435	传　　真：0433-2732434
印　　刷：三河市嵩川印刷有限公司	
开　　本：710×1000　1/16	
印　　张：14.25	
字　　数：320 千字	
版　　次：2023 年 10 月 第 1 版	
印　　次：2024 年 1 月 第 1 次印刷	
书　　号：ISBN 978-7-230-05642-7	

定价：65.00元

编 写 成 员

主　　编：王海峰　田德文　高川川

编写单位：中铁十九局集团华东工程有限公司

前　言

铁路桥梁隧道在施工过程中，往往受到多方面因素的影响，导致结构产生裂缝和坍落等现象，影响工程的质量和安全，所以要采取一定的加固、防水、注浆、降水、排水、临时支撑等措施处理。在桥梁隧道工程中由于环境的特殊性，在采用的工艺和技术操作上与其他项目存在较大的差异，尤其是其中存在的一些危险因素会影响施工人员的安全，针对该情况，要结合桥梁隧道施工的特点和工艺要求以及自身所处环境的特征等进行综合考量，综合利用各种施工技术和高科技设备来确保施工质量和施工安全。

本书主要研究铁路桥梁隧道工程施工的各种技术要点以及施工工艺。全书共五章：第一章为铁路桥梁隧道工程概述；第二章为铁路桥梁施工相关技术；第三章为铁路桥梁工程施工技术应用；第四章为铁路隧道施工相关技术；第五章为基于BIM的隧道下穿既有铁路信息化施工管理实践。

《铁路桥梁隧道工程施工技术》一书共五章，字数32万余字。该书由中铁十九局集团华东工程有限公司王海峰、田德文、高川川担任主编。其中第一章及第四章第四节、第五节、第六节由主编王海峰负责撰写，字数10.7万余字；第二章及第三章第三节、第四节、第五节、第六节由主编田德文负责撰写，字数10.7万余字；第三章第一节、第二节、第四章第一节、第二节、第三节、第七节、第八节及第五章由主编高川川负责撰写，字数10.6万余字。在本书的编撰过程中，收到很多专家、业界同事的宝贵建议，谨在此表示感谢。同时笔者参阅了大量的相关著作和文献，在参考文献中未能一一列出，在此向相关著作和文献的作者表示诚挚的感谢和敬意！

由于笔者水平有限，加之编写时间仓促，书中难免会有疏漏不妥之处，恳请专家、同行不吝批评指正。

笔者

2023 年 8 月

目 录

第一章 铁路桥梁隧道工程概述 ... 1

    第一节 铁路工程概述 ... 1

    第二节 桥梁工程概述 ... 3

    第三节 隧道工程概述 ... 14

第二章 铁路桥梁施工相关技术 ... 25

    第一节 铁路桥梁双壁钢围堰施工技术 ... 25

    第二节 铁路桥梁工程高墩施工技术 ... 39

    第三节 铁路桥梁大体积混凝土的温控技术 ... 45

    第四节 铁路桥梁连续梁工程施工技术 ... 50

第三章 铁路桥梁工程施工技术应用 ... 54

    第一节 工程设计及概况 ... 54

    第二节 控制工程和重难点工程施工方案 ... 61

    第三节 桥梁工程下部结构施工工艺 ... 73

    第四节 0#块钢筋及预应力管道施工 ... 88

    第五节 其他施工工艺 ... 91

    第六节 该项目主要技术及控制措施 ... 100

第四章 铁路隧道施工相关技术与管理 110

第一节 铁路隧道施工测量技术 110
第二节 浅埋暗挖法隧道施工技术 115
第三节 铁路隧道防水施工技术 120
第四节 大断面浅埋高速铁路隧道施工关键技术 123
第五节 复杂地质条件下铁路隧道施工技术 133
第六节 铁路隧道的山岭隧道施工技术 140
第七节 铁路隧道施工技术常见缺陷及改进措施 171
第八节 水下盾构隧道施工安全风险管理 178

第五章 基于 BIM 的铁路隧道工程信息化施工管理实践 189

第一节 隧道下穿既有铁路工程背景 189
第二节 建立铁路隧道工程 BIM 模型 193
第三节 基于 BIM 模型的铁路隧道工程变形分析 201
第四节 基于 BIM 的施工信息化监测 205
第五节 基于 BIM 的施工成本与进度信息化管理 209

参考文献 214

第一章　铁路桥梁隧道工程概述

第一节　铁路工程概述

一、铁路工程的定义

铁路工程最初包括与铁路有关的土木（轨道、路基、桥梁、隧道、站场）、机械（机车、车辆）和信号等工程。随着建设的发展和技术的进一步分化，其中一些工程逐渐形成独立的学科，如机械工程、车辆工程、信号工程；另外一些工程逐渐归入各自的本门学科，如桥梁工程、隧道工程。现在"铁路工程"一词已仅狭义地指铁路选线、铁路轨道、路基和铁路站场及枢纽，其中站场设计在中国的有关学院虽已归入"运输"专业，但在欧美各国仍被列入"铁路工程"中。站场设计乃是运输与工程专业人员均须具备的知识，而站场工程则是铁路工程的重要部分。

二、铁路的划分

（一）按轨距划分

按轨距划分，铁路可分为标准轨距铁路、宽轨铁路和窄轨铁路。铁路轨道上两条钢轨内边从顶部下 14～16 mm 处所间隔的距离称为轨距。轨距是铁路的基本技术要素之一。1886 年,国际铁路会议正式确定 1 435 mm 为国际标准轨距。宽于此数的铁路称宽轨,窄于此数的铁路称窄轨。世界各国多采用 1 435 mm 的标准轨距,少数国家或地区采用宽轨,如 1 676 mm(阿根廷、智利、印度等)、1 600 mm(澳大利亚、爱尔兰等)、1 520 mm(俄罗斯等)。采用窄轨的国家和地区也不少,如 1 372 mm(日本的一部分)、1 067 mm(日本的大部分、菲律宾、南非)、1 050 mm(非洲一些地区)、1 000 mm(马来西亚、缅甸、泰国、越南),1 000 mm 以下的轨距还有 5 种,大多数用于山地、岛屿、地方铁路和厂矿专用线上。

(二)按牵引动力划分

按牵引动力划分,铁轨可分为电力牵引铁轨、内燃牵引铁轨及蒸汽牵引铁轨三种。蒸汽机车虽是铁路最早的牵引车,但由于污染空气、热效率低以及噪声过大,已经逐渐被淘汰或仅用于小运量的线路上。电力机车的动力较强,而内燃机车灵活性大,实际运行中采取何种牵引动力,需视能源分布、运量大小和自然条件而定。

(三)按任务、运量划分

各国铁路一般都分为若干等级,有些国家的铁路分为干线、支线和山区线。我国则将铁路划分为Ⅰ级、Ⅱ级、Ⅲ级及地方铁路。

(1)Ⅰ级铁路,在路网中起骨干作用,远期(指运营后 10 年以上)年直通货运输送能力大于 800 万~1000 万吨者。

(2)Ⅱ级铁路,在路网中起辅助联络作用,远期年直通货运输送能力等于或大于 500 万吨者。

(3)Ⅲ级铁路,地方性质的铁路,远期年直通货运输送能力小于 500 万吨者。

各国对各等级铁路,在平原地带和山区规定不同的线路标准(坡度、曲线半径等）和建筑标准。例如：我国Ⅰ、Ⅱ、Ⅲ级铁路的最大坡度分别规定为6‰（困难地段12‰）、12‰、15‰，加力牵引时内燃机车线路的最大坡度可提高为25‰，电力机车为30‰，最小曲线半径也有相应区别；在建筑标准方面，Ⅰ、Ⅱ级铁路要求能抵御百年一遇的洪水，Ⅲ级铁路要求能抵御50年一遇的洪水。对以旅客列车为主的和专门行驶旅客列车的铁路，则按该线规定的列车速度决定其技术标准。我国还有地方兴办的铁路，与各国的私营铁路类似，每条铁路的轨距、等级与标准并不划一。

轨距、牵引动力种类和铁路等级不但能体现铁路的性能，而且决定着铁路上各种建筑物的标准和总的工程投资及运营支出。实际运用时，还要根据更多的条件确定线路标准和进行具体设计。

第二节　桥梁工程概述

一、桥梁的基本组成

桥梁指的是为道路跨越天然或人工障碍物而修建的建筑物，它架设在江河湖海上，使车辆行人等能顺利通行。桥梁一般由上部结构、下部结构和附属构造物组成，上部结构主要指桥跨结构和支座系统，下部结构包括桥台、桥墩和基础，附属构造物则指桥头搭板、锥形护坡、护岸、导流工程等。桥梁按照结构体系划分，有梁式桥、拱桥、刚架桥、悬索承重桥（悬索桥、斜拉桥）四种基本体系。

二、桥梁的发展

桥梁是道路的组成部分。从工程技术的角度来看,桥梁发展可分为古代桥梁、近代桥梁和现代桥梁三个时期。

(一) 古代桥梁

人类在原始时代,跨越水道和峡谷是利用自然倒下来的树木、自然形成的石梁或石拱、溪涧突出的石块、谷岸生长的藤萝等,人类有目的地伐木为桥或堆石、架石为桥始于何时,已难以考证。据史料记载,中国在周代(公元前1046～前256年)已建有梁桥和浮桥,如西周在渭水架有浮桥。古巴比伦王国在公元前1800年建造了多跨的木桥,桥长达183 m。古罗马在公元前621年建造了跨越台伯河的木桥,在公元前481年架起了跨越赫勒斯滂海峡(今达达尼尔海峡)的浮船桥。古代美索不达米亚地区,在公元前4世纪时建起挑出石拱桥(拱腹为台阶式)。

古代桥梁在17世纪以前,一般是用木材、石材料建造的,并按建桥材料把桥分为石桥和木桥。

1. 石桥

石桥的主要形式是石拱桥。据考证,中国早在东汉时期(公元25～220年)就出现了石拱桥,如出土的东汉画像砖,刻有拱桥图形。赵州桥(又名安济桥),建于公元605～617年,净跨径为37 m,首创在主拱圈上加小腹拱的空腹式(敞肩式)拱。中国古代石拱桥拱圈和墩一般都比较薄,比较轻巧,如建于公元816～819年的宝带桥,全长317 m,薄墩扁拱,结构精巧。

欧洲建造拱桥较多,如公元前200年～公元200年间在罗马台伯河建造了8座石拱桥,其中建于公元前62年的法布里西奥石拱桥,桥有2孔,各孔跨径为24.4 m;西班牙建造的阿尔桥,高达52 m。此外,还出现了许多石拱水道桥,如现存于法国的加尔德引水桥,建于公元前1世纪,桥分为3层,最下层为 7 孔，跨径为 16~24 m。罗马时代拱桥多为半圆拱，跨径小于 25 m，墩很宽，约为拱跨的三分之一。

罗马帝国灭亡后数百年，欧洲桥梁建筑进展不大。11 世纪以后，尖拱技术由中东地区和埃及传到欧洲，欧洲开始出现尖拱桥，如：法国在公元 1178~1188 年建成的阿维尼翁桥，为 20 孔跨径达 34 m 的尖拱桥；英国在公元 1176~1209 年建成的泰晤士河桥为 19 孔跨径约 7 m 的尖拱桥；西班牙在 13 世纪建了不少拱桥，如托莱多的圣玛丁桥。拱桥除圆拱、割圆拱外，还有椭圆拱和坦拱。公元 1542~1632 年法国建造的皮埃尔桥为 7 孔不等跨椭圆拱，最大跨径约 32 m。当时椭圆拱曾盛行一时。公元 1567~1569 年在佛罗伦萨的圣特里尼搭建了三跨坦拱桥，其矢高同跨度比为 1∶7。11~17 世纪建造的桥，有的在桥面两侧设商店，如意大利威尼斯的里亚尔托桥。

石梁桥是石桥的又一形式。中国陕西西安附近的灞桥原为石梁桥，建于汉代，距今已有 2 000 多年。公元 11~12 世纪，南宋泉州地区先后建造了几十座较大型的石梁桥，其中有洛阳桥、安平桥（五里桥）。安平桥原长 2 500 m，362 孔，现长 2 070 m，332 孔。英国达特穆尔现存的石板桥，有的已有 2 000 多年。

2. 木桥

早期木桥多为梁桥，如秦代在渭水上建的渭桥，即为多跨梁式桥。木梁桥跨径不大，伸臂木桥可以加大跨径。中国 3 世纪在甘肃安西（瓜州县）与新疆吐鲁番交界处建有伸臂木桥，"长一百五十步"。公元 405~418 年，在甘肃临夏附近河宽达 40 丈（1 丈＝3.33 m）处建悬臂木桥，桥高达 50 丈。八字撑木桥和拱式撑架木桥亦可以加大跨径。16 世纪，意大利的巴萨诺桥为八字撑木桥。

木拱桥出现较早，公元 104 年在匈牙利多瑙河建成的特拉杨木拱桥，共有 21 孔，每孔跨径为 36 m。中国在河南开封修建的虹桥，净跨约为 20 m，亦为木拱桥，建于公元 1032 年。日本在岩国锦川河修建的锦带桥为 5 孔木拱桥，建于公元 300 年左右，是中国僧戴曼公独立禅师帮助修建的。

中国西南地区有用竹篾缆造的竹索桥。著名的竹索桥是四川灌县珠浦桥，桥为 8 孔，最大跨径约 60 m，总长 330 余米，建于宋代以前。

在罗马时代，桥梁基础开始采用围堰法施工，即打木板桩成围堰，抽水后在其中修筑桥梁基础和桥墩。1209年建成的英国泰晤士河拱桥，其基础就是用围堰法修筑的，但是那时只能用人工打桩和抽水，基础较浅。11世纪初，中国著名的洛阳桥在江中先遍抛石块，其上养殖牡蛎二三年后胶固而成筏形基础，是一个创举。

（二）近代桥梁

18世纪铁的生产和铸造，为桥梁提供了新的建造材料。但铸铁抗冲击性能和抗拉性能差，易断裂，并非良好的造桥材料。19世纪50年代以后，随着酸性转炉炼钢和平炉炼钢技术的发展，钢材成为重要的造桥材料。钢的抗拉强度大，抗冲击性能好，尤其是19世纪70年代出现的钢板和矩形轧制断面钢材，为桥梁的部件在厂内组装创造了条件，使钢材应用日益广泛。

18世纪初，用石灰、黏土、赤铁矿混合煅烧而成的水泥出现。19世纪50年代，开始采用在混凝土中放置钢筋的方法来弥补水泥抗拉性能差的缺点。此后，于19世纪70年代建成了钢筋混凝土桥。

近代桥梁建造，促进了桥梁科学理论的兴起和发展。1857年，圣维南在前人对拱的理论、静力学和材料力学研究的基础上，提出了较完整的梁理论和扭转理论。这个时期连续梁和悬臂梁的理论也建立起来。桥梁桁架分析（如华伦桁架和豪氏桁架的分析方法）也得到解决。19世纪70年代后，经德国人K.库尔曼、英国人W.J.M.兰金和J.C.麦克斯韦等人的努力，结构力学获得很大的发展，能够对桥梁各构件在荷载作用下发生的应力进行分析。这些理论的发展，推动了桁架、连续梁和悬臂梁的发展。19世纪末，弹性拱理论已较完善，促进了拱桥的发展。20世纪20年代土力学的兴起，推动了桥梁基础的理论研究。

近代桥梁按建桥材料划分，除木桥、石桥外，还有铁桥、钢桥、钢筋混凝土桥。

16世纪前已有木桁架。1750年在瑞士建成拱和桁架组合的木桥多座，如赖谢瑙桥，跨径为73 m。在18世纪中叶至19世纪中叶，美国建造了不少木桥，如1785年在佛蒙特州贝洛兹福尔斯的康涅狄格河建造的第一座木桁架桥，桥共二跨，各长55 m；1812年在费城斯库尔基尔河建造的拱和桁架组合木桥，跨径达104 m。桁架桥省掉拱和斜撑构，简化了结构，因而被广泛应用。由于桁架理论的发展，各种形式桁架木桥相继出现，如普拉特型、豪氏型、汤氏型等。由于木结构桥用铁件量很多，不如全用铁经济，因此19世纪后期木桥逐渐为钢铁桥所代替。

1. 铁桥

铁桥包括铸铁桥和锻铁桥。铸铁性脆，宜于受压，不宜受拉，适宜作拱桥建造材料。世界上第一座铸铁桥是英国科尔布鲁克代尔厂所造的塞文河桥，建于1779年，为半圆拱，由五片拱肋组成，跨径30.7 m。锻铁抗拉性能较铸铁好，19世纪中叶，跨径大于60~70 m的公路桥都采用锻铁链吊桥。铁路因吊桥刚度不足而采用桁桥，如1845—1850年英国建造的布列坦尼亚双线铁路桥，为箱形锻铁梁桥。19世纪中叶以后，相继建立起来的梁的定理和结构分析理论，推动了桁架桥的发展，并出现多种形式的桁梁。但那时对桥梁抗风的认识不足，桥梁一般没有采取防风措施。1879年12月，大风吹倒才建成18个月的阳斯的泰湾铁路锻铁桥，就是由于桥梁没有设置横向连续抗风构。

中国于1705年修建了四川大渡河泸定铁链吊桥，桥长100 m，宽2.8 m，至今仍在使用。欧洲第一座铁链吊桥是英国的蒂斯河桥，建于1741年，跨径20 m，宽0.63 m。1820—1826年，英国在威尔士北部梅奈海峡修建一座中孔长177 m用锻铁眼杆的吊桥。这座桥由于缺乏加劲梁或抗风构，于1940年重建。世界上第一座不用铁链而用铁索建造的吊桥，是瑞士的弗里堡桥，建于1830—1834年，桥的跨径为233 m。这座桥用2 000根铁丝就地放线，悬在塔上，锚固于深18 m的锚碇坑中。

1855年，美国建成尼亚加拉瀑布公路铁路两用桥，这座桥是采用锻铁索和加劲梁的吊桥，跨径为250 m。1869—1883年，美国建成纽约布鲁克林吊桥，跨度为（283＋486＋283）m。这些桥的建造，提供了用加劲桁来减弱震动的经验。此后，美国建造的长跨吊桥，均用加劲梁来增大刚度，如1937年建成的旧金山金门桥（主孔长为1 280 m，边孔为344 m，塔高为228 m），以及同年建成的旧金山奥克兰海湾桥（主孔长为704 m，边孔为354 m，塔高为152 m），都是采用加劲梁的吊桥。

1940年，美国建成的华盛顿州塔科玛海峡桥，桥的主跨为853 m，边孔为335 m，加劲梁高为2.74 m，桥宽为11.9 m。这座桥于同年11月7日，在风速仅为67.5 km/h的情况下，中孔及边孔便相继被风吹垮。这一事件，促使人们研究空气动力学同桥梁稳定性的关系。

2. 钢桥

美国密苏里州圣路易斯市密西西比河的伊兹桥，建于1867—1874年，是早期建造的公路铁路两用无铰钢桁拱桥，跨径为（153＋158＋153）m。这座桥架设时采用悬臂安装的新工艺，拱肋从墩两侧悬出，由墩上临时木排架的吊索拉住，逐节拼接，最后在跨中将两半拱连接。该桥的基础用气压沉箱下沉33 m到岩石层，但气压沉箱因没有安全措施，发生119起严重沉箱病事件，导致14人死亡。19世纪末，弹性拱理论已逐步完善，促进了20世纪20~30年代较大跨钢拱桥的修建，较著名的有：纽约岳门桥，建成于1917年，跨径305 m；纽约贝永桥，建成于1931年，跨径504 m；澳大利亚悉尼港桥，建成于1932年，跨径503 m。这3座桥均为双铰钢桁拱结构。

19世纪中期出现了根据力学设计的悬臂梁。英国人根据中国西藏木悬臂桥式，提出锚跨、悬臂和悬跨三部分的组合设想，并于1882—1890年在英国爱丁堡福斯河口建造了铁路悬臂梁桥。这座桥共有6个悬臂，悬臂长为206 m，悬跨长为107 m，主跨长为519 m。20世纪初期，悬臂梁桥曾风行一时，如1901—1909年美国建造的纽约昆斯堡桥，是一座中间锚跨为190 m、悬臂为150 m和180 m、无悬跨、由铰联结悬臂、主跨为300 m和360 m的悬臂梁桥。1900—1917年建造的加拿大魁北克桥也是悬臂钢桥。1933年建成的丹麦小海峡桥为五孔悬臂梁公路铁路两用桥，跨径为（137.50＋165＋200＋165＋137.5）m。

1896 年，比利时工程师菲伦代尔发明了空腹桁架桥。比利时曾经造了几座铆接和电焊的空腹桁架桥。

3.钢筋混凝土桥

1875—1877 年，法国园艺家莫尼尔（Joseph Monier）建造了一座人行钢筋混凝土桥，跨径为 16 m，宽 4 m。1890 年，德国不莱梅工业展览会上展出了一座跨径为 40 m 的人行钢筋混凝土拱桥。1898 年，沙泰尔罗钢筋混凝土拱桥修建完成。这座桥是三铰拱，跨径为 52 m。1905 年，瑞士建成塔瓦纳萨桥，跨径为 51 m，是一座箱形三铰拱桥，矢高 5.5 m。1928 年，英国在贝里克的罗亚尔特威德建成 4 孔钢筋混凝土拱桥，最大跨径为 110 m。1934 年，瑞典建成跨径为 181 m、矢高 26.2 m 的特拉贝里拱桥；1943 年又建成跨径为 264 m、矢高近 40 m 的桑德拱桥。

桥梁基础施工在 18 世纪开始应用井筒，英国在修威斯敏斯特拱桥时，木沉井浮运到桥址后，先用石料装载将其下沉，而后修基础及墩。1851 年，英国在肯特郡的罗切斯特处修建梅德韦桥时，首次采用压缩空气沉箱。1855—1859 年，在康沃尔郡的萨尔塔什修建罗亚尔艾伯特桥时，采用直径 11 m 的锻铁筒，在筒下设压缩空气沉箱。1867 年，美国建造伊兹河桥，也用压缩空气沉箱修建基础。但采用压缩空气沉箱法施工，工人在压缩空气条件下工作，若工作时间长，或从压缩气箱中未经减压室骤然出来，或减压过快，易引起沉箱病。

1845 年以后，蒸汽打桩机开始用于桥梁基础施工。

（三）现代桥梁

20 世纪 30 年代，预应力混凝土和高强度钢材相继出现，材料塑性理论和极限理论的研究、桥梁振动的研究、空气动力学的研究以及土力学的研究等取得重大进展，为节约桥梁建筑材料，减轻桥重，预计基础下沉深度和确定其承载力提供了科学的依据。现代桥梁按建桥材料可分为预应力钢筋混凝土桥、钢筋混凝土桥和钢桥。

1.预应力钢筋混凝土桥

1928年，法国工程师弗雷西内（Eugene Freyssinet）经过20年的研究，用高强钢丝和混凝土制成预应力钢筋混凝土。这种材料克服了钢筋混凝土易产生裂纹的缺点，使桥梁可以用悬臂安装法、顶推法施工。随着高强钢丝和高强混凝土的不断发展，预应力钢筋混凝土桥的结构不断改进，跨度不断提高。

预应力钢筋混凝土桥有简支梁桥、连续梁桥、悬臂梁桥、拱桥、桁架桥、刚架桥、斜拉桥等桥型。简支梁桥的跨径多在50 m以下。连续梁桥如1966年建成的法国奥莱隆桥，是一座预应力混凝土连续梁高架桥，共有26孔，每孔跨径为79 m。1982年建成的美国休斯敦船槽桥，是一座中跨229 m的预应力混凝土连续梁高架桥，用平衡悬臂法施工。悬臂梁桥如1964年联邦德国在柯布伦茨建成的本多夫桥，其主跨为209 m；1976年建成的日本滨名桥，主跨240 m；中国1980年完工的重庆长江大桥，主跨174 m。桁架桥如1960年联邦德国建成的芒法尔河谷桥，跨径为（90+108+90）m，是世界上第一座预应力混凝土桁架桥。1966年苏联建成一座预应力混凝土桁架式连续桥，跨径为（106+3×166+106）m，用浮运法施工。刚架桥如1957年建成的法国图卢兹的圣米歇尔桥，是一座160 m、5~65 m的预应力混凝土刚架桥；1974年建成的法国博诺姆桥，主跨径为186.25 m，是目前最大跨径的预应力混凝土刚架桥。预应力钢筋混凝土吊桥是将预应力梁中的预应力钢丝索作为悬索，并同加劲梁构成自锚式体系，1963年建成的比利时根特的梅勒尔贝克桥和玛丽亚凯克桥，主跨径分别为56 m和100 m，就是预应力钢筋混凝土吊桥。斜拉桥如1962年委内瑞拉建成的马拉开波湖桥，这座桥为5孔235 m连续梁，由悬在A形塔的预应力斜拉索将悬臂梁吊起。斜拉桥的梁是悬在索形成的多弹性支承上，能减少梁高，且能提高桥的抗风和抗扭转震动性能，并可利用拉索安装主梁，有利于跨越大河，因而应用广泛。预应力混凝土斜拉桥如1971年利比亚建造的瓦迪库夫桥，主跨径为282 m；1978年美国建造的华盛顿州哥伦比亚河帕斯科-肯纳威克桥，主跨径为299 m；1977年法国建造的塞纳河布罗东纳桥，主跨径为320 m。中国已建成十多座预应力混凝土斜拉桥，其中1982年建成的山东济南黄河大桥主跨径为 220 m。

2. 钢筋混凝土桥

第二次世界大战以后，世界上修建了多座较大跨径的钢筋混凝土拱桥，如：1963 年通车的葡萄牙亚拉达拱桥，跨径为 270 m，矢高 50 m；1964 年完工的澳大利亚悉尼港的格莱兹维尔桥，跨径为 305 m。

中国 1964 年创造钢筋混凝土双曲拱桥。桥由拱肋和拱波组成，纵向和横向均有曲度，横向也用拱波形式。拱肋和拱波分段预制，因此可用轻型吊装设施安装。这样，在缺乏重型运输工具和重型吊装机具的情况下，也可以修建较大跨径的拱桥。第一座试验双曲拱桥，建于江苏无锡，跨径为 9 m。此后，1972 年建成的湖南长沙湘江大桥，是一座 16 孔双曲拱桥，大孔跨径为 60 m，小孔跨径为 50 m，总长 1 250 m。

钢筋混凝土桁架拱桥是拱和桁架组合而成的结构，其用料少，重量轻，施工简易。

3. 钢桥

第二次世界大战后，随着强度高、韧性好、抗疲劳和耐腐蚀性能好的钢材的出现，以及用焊接平钢板和用角钢、板钢材等加劲形成的轻而高强的正交异性板桥面的出现，加之高强度螺栓的应用等，钢桥有很大发展。

钢板梁和箱形钢梁同混凝土相结合的桥型，以及把正交异性板桥面同箱形钢梁相结合的桥型，在大、中跨径的桥梁上广泛运用。1951 年，联邦德国建成的杜塞尔多夫至诺伊斯桥，是一座正交异性板桥面箱形梁，跨径为 206 m。1957 年，联邦德国建成的杜塞尔多夫北桥，是一座 6 孔 72 m 钢板梁结交梁桥。1957 年，南斯拉夫建成的贝尔格莱德的萨瓦河桥，是一座钢板梁桥，跨径为（75＋261＋75）m，为倒 U 形梁。1973 年，法国建成的马蒂格斜腿刚架桥，主跨径为 300 m。1972 年，意大利建成的斯法拉沙桥，跨径达 376 m，是目前世界上跨径最大的钢斜腿刚架桥。1966 年，美国完工的俄勒冈州阿斯托里亚桥，是一座连续钢桁架桥，跨径达 376 m。1966 年，日本建成的大门桥，是一座连续钢桁架桥，跨径达 300 m。1968 年，中国建成的南京长江大桥，是一座公路铁路两用的连续钢桁架桥,正桥为(128+9×160+128)m,全桥长 6 km。1972年,日本建成的大阪港的港大桥为悬臂梁钢桥,桥长 980 m,由 235 m 锚孔和 162 m 悬臂、186 m 悬孔所组成。1964 年,美国建成的纽约维拉扎诺吊桥,主孔达 1 298 m,吊塔高 210 m。1966 年,英国建成的塞文吊桥,主孔达 985 m。这座桥根据风洞试验,首次采用梭形正交异性板箱形加劲梁,梁高只有 3.05 m。1980 年,英国完工的恒比尔吊桥,主跨径为 1 410 m,也用梭形正交异性板箱形加劲梁,梁高只有 3 m。

20 世纪 60 年代以后,钢斜拉桥发展起来。第一座钢斜拉桥是瑞典建成的斯特伦松德海峡桥,建于 1956 年,跨径为(74.7+182.6+74.7)m。这座桥的斜拉索在塔左右各两根,由钢筋混凝土板和焊接钢板梁组合作为纵梁。1959 年,联邦德国建成的科隆钢斜拉桥,主跨径为 334 m;1971 年英国建成的厄斯金钢斜拉桥,主跨径为 305 m;1975 年法国建成的圣纳泽尔桥,主跨径为 404 m。这座桥的拉索采用密束布置,使节间长度减小,梁高减低,梁高仅 3.38 m。通过对钢斜拉桥抗风抗震性能的改进,其跨径正在逐渐增大。

钢桥的基础多用大直径桩或薄壁井筒建造。

三、桥梁的分类

(一)按结构分类

按结构分类,桥梁一般可分为梁桥、拱桥和悬桥。

梁桥一般建在跨度很大、水域较浅处,由桥柱和桥板组成,物体重量从桥板传向桥柱。

拱桥一般建在跨度较小的水域之上,桥身呈拱形,一般都有几个桥洞,起到泄洪的功能,桥中间的重量传向桥两端,而两端的则传向中间。

悬桥是如今最实用的一种桥,可以建在跨度大、水深的地方,由桥柱、铁索与桥面组成，早期的悬桥就已经可以经住风吹雨打，不会断掉，吊桥基本上可以在暴风来临时岿然不动。

（二）按长度分类

按多孔跨径总长分：特大桥、大桥、中桥。
按单孔跨径分：特大桥、大桥、中桥。

（三）其他分类

按用途分：公路桥、公铁两用桥、人行桥、舟桥、机耕桥、过水桥。
按行车道位置分：上承式桥、中承式桥、下承式桥。
按使用年限分：永久性桥、半永久性桥、临时桥。
按材料类型分：木桥、石桥、圬工桥、钢筋混凝土桥、预应力桥、钢桥。
按承重构件受力情况分：梁桥、板桥、拱桥、钢结构桥、吊桥、组合体系桥（斜拉桥、悬索桥）。

四、桥梁的基本组成

（一）上部结构

上部结构是在线路中断时跨越障碍的主要承重结构，直接承受交通荷载，是位于桥梁支座以上的部分，通常也叫桥跨结构。

（二）下部结构

下部结构包括桥墩、桥台及其墩台基础，也叫支承结构，是支承上部结构、向下传递荷载的结构物。

（三）桥跨结构

桥跨结构包括桥面板、桥面梁以及支承它们的结构构件，如大梁、拱、悬索等。

（四）支座

支座是在桥跨结构与桥墩或桥台的支承处所设置的传力装置，不仅要传递很大的荷载，而且要保证桥跨结构能产生一定的变位。支座提供的约束影响上部结构的受力，因此也可把支座划归到上部结构中。

（五）附属设施

桥梁的附属设施包括桥面系、伸缩缝、锥形护坡、导流堤、检查设备、防撞设施、导航装置等。

第三节 隧道工程概述

隧道工程是在修建地下、水下、山体建筑物（铺设铁路、修筑公路）进行的一系列建设工作，主要分为规划、勘测、设计、贯通控制测量和施工环节。隧道根据所在位置不同可分为山岭隧道、水下隧道和城市隧道三大类，其中修建最多的是山岭隧道。

为缩短距离和避免大坡道而从山岭或丘陵下穿越的隧道称为山岭隧道；为穿越河流或海峡而从河下或海底通过的隧道称为水下隧道；为适应铁路通过大城市的需要而在城市地下穿越的隧道称为城市隧道。

一、隧道工程的发展历史

自1826年，英国在蒸汽机车牵引的铁路上开始修建长770 m的泰勒山单线隧道和长2 474 m的维多利亚双线隧道以来，英、美、法等国相继修建了大量铁路隧道。19世纪共建成长度超过5 km的铁路隧道11座，其中有3座超过10 km，最长的为瑞士的圣哥达铁路隧道，长14 998 m。1892年通车的秘鲁加莱拉铁路隧道，海拔4 782 m，是现今世界最高的标准轨距铁路隧道。在19世纪60年代以前，修建的隧道都用人工凿孔和黑火药爆破方法施工。1861年修建穿越阿尔卑斯山脉的仙尼斯峰铁路隧道时，首次应用风动凿岩机代替人工凿孔。1867年修建美国胡萨克铁路隧道时，开始采用硝化甘油炸药代替黑火药，使隧道施工技术及速度得到进一步发展。

在20世纪初期，欧洲和北美洲一些国家铁路形成铁路网，建成的5 km以上长隧道有20座，其中最长的是瑞士和意大利间的辛普朗铁路隧道，长19.8 km。美国长约12.5 km的新喀斯喀特铁路隧道和加拿大长约8.1 km的康诺特铁路隧道都采用中央导坑法施工，其施工平均年进度分别为4.1 km和4.5 km，是当时最快的施工进度。至1950年，世界铁路隧道最多的国家有意大利、日本、法国和美国。日本至20世纪70年代末共建成铁路隧道约3 800座，总长约1 850 km，其中5 km以上的长隧道达60座，为世界上铁路长隧道最多的国家。1974年建成的新关门双线隧道，长18 675 m，为当时世界最长的海底铁路隧道；1981年建成的大清水双线隧道，长22 228 m，为世界最长的山岭铁路隧道；连接本州和北海道的青函海底隧道，长53 850 m，为当今世界最长的海底铁路隧道。

20世纪60年代以来，隧道机械化施工水平有了很大提高。全断面液压凿岩台车和其他大型施工机具相继用于隧道施工；喷锚技术的发展和新奥法的应用为隧道工程开辟了新的途径；掘进机的采用彻底改变了隧道开挖的钻爆方式；盾构机构造不断完善，已成为松软、含水地层修建隧道最有效的工具。

中国于1887—1889年在台湾省台北至基隆窄轨铁路上修建的狮球岭隧道，

是中国第一座铁路隧道，长 261 m。此后，又在京汉、中东、正太等铁路修建了一些隧道。京张铁路关沟段修建的 4 座隧道，是用中国自己的技术力量修建的第一批铁路隧道，其中最长的八达岭铁路隧道长为 1 091 m，于 1908 年建成。中国在 1950 年以前，仅建成标准轨距铁路隧道 238 座，总长 89 km。自 20 世纪 50 年代以来，隧道修建数量大幅度增加，1950—1984 年期间共建成标准轨距铁路隧道 4 247 座，总长 2 014.5 km，成为世界上铁路隧道最多的国家之一。

中国铁路隧道约有半数以上分布在四川、山西、云南、贵州 4 省。成昆、襄渝两条铁路干线隧道总延长分别为 342 km 及 282 km，占线路总长的比率分别为 31.6%和 34.3%。

二、隧道工程的内容

（一）隧道勘测

为确定隧道位置、施工方法和支护、衬砌类型等技术方案，对隧道地处范围内的地形、地质状况，以及地下水的分布和水量等水文情况要进行勘测。

在隧道勘测和开挖过程中，须了解围岩的类别。围岩是隧道开挖后对隧道稳定性有影响的周边岩体。围岩分类是依次表明周围岩石的综合强度。中国在 1975 年制定的"铁路隧道工程技术规范"中将围岩分为 6 类。关于岩石分类，20 世纪 70 年代以前常用泰沙基及普氏等岩石分类方法。20 世纪 70 年代以后在国际上应用较广并为国际岩石力学学会推荐的为巴顿等各种分级系统。此外，还有日本以弹性波速为主的分类法。围岩类别的确定，为隧道工程的合理设计和顺利施工提供了依据。

（二）隧道设计

隧道设计包括隧道选线、纵断面设计、横断面设计、辅助坑道设计等。

1. 选线

选线的目的是根据线路标准、地形、地质等条件选定隧道位置和长度。选线应作多种方案的比较；长隧道要考虑辅助坑道和运营通风的设置，洞口位置的选择要依据地质情况；要考虑边坡和仰坡的稳定，避免塌方。

2. 纵断面设计

沿隧道中线的纵向坡度要服从线路设计的限制坡度。因隧道内湿度大，轮轨间黏着系数减小，列车空气阻力增大，因此在较长隧道内纵向坡度应加以折减。纵坡形状以单坡和人字坡居多，单坡有利于争取高程，人字坡便于施工排水和出渣。为利于排水，最小纵坡一般为2‰～3‰。

3. 横断面设计

隧道横断面即衬砌内轮廓，是根据不侵入隧道建筑限界而制定的。中国隧道建筑限界分为蒸汽及内燃机车牵引区段、电力机车牵引区段两种，这两种又各分为单线断面和双线断面。衬砌内轮廓一般由单心圆或三心圆形成的拱部和直边墙或曲边墙所组成（在地质松软地带另加仰拱）。单线隧道轨面以上内轮廓面积约为27～32 m^2，双线约为58～67 m^2。在曲线地段由于外轨超高车辆倾斜等因素，断面须适当加大。电气化铁路隧道因悬挂接触网等应提高内轮廓高度。中、美、俄三国所用轮廓尺寸为：单线隧道高度约为6.6～7.0 m、宽度约为4.9～5.6 m；双线隧道高度约为7.2～8.0 m，宽度约为8.8～10.6 m。在双线铁路修建两座单线隧道时，其中线间距离须考虑地层压力分布的影响，石质隧道约为20～25 m，土质隧道应适当加宽。

4. 辅助坑道设计

辅助坑道有斜井、竖井、平行导坑及横洞四种。斜井是在中线附近的山上有利地点开凿的斜向正洞的坑道。斜井倾角一般在18°～27°，采用卷扬机提升。斜井断面一般为长方形，面积约为8～14 m^2。竖井是由山顶中线附近垂直开挖的坑道，通向正洞，其平面位置可在铁路中线上或在中线的一侧（距中线约20 m）。竖井断面多为圆形，内径约为4.5～6.0 m。平行导坑是距隧道中线17～25 m 开挖的平行小坑道，以斜向通道与隧道连接，亦可作将来扩建为第二线的导洞。中国自 1957 年修建川黔铁路凉风垭铁路隧道采用平行导坑以来，在 58 座长 3 km 以上的隧道中约有 80% 修建了平行导坑。横洞是在傍山隧道靠河谷一侧地形有利之处开辟的小断面坑道。

此外，隧道设计还包括洞门设计、开挖方法和衬砌类型的选择等。

（三）控制测量

隧道测量是为了保证测量的中线和高程在隧道贯通面处的偏差不超出规定的限值。

1.中线平面控制

长隧道以往多用三角网，短隧道多用导线法，借以控制中线的偏差。自 20 世纪 50 年代以来，中国在 1 km 以上长度的隧道测量中采用导线法也能控制隧道的贯通误差。光电测距仪的出现和发展，解决了量距的困难。山岭隧道洞外及洞内都采用主副闭合导线法，即在主导线上测角并用光电测距仪量距，在副导线上只测角不量距。由主副导线所组成的多边形，只平差其角度，不平差其长度。这样主副导线法比三角网法简单实用，比单一导线法可靠。中国大瑶山双线隧道即采用主副闭合导线法作为中线平面控制。

在隧道进行中线测量以前，就要考虑将来隧道打通后的偏差数值。根据隧道的长度和平面形状，在地形图上先行布置测点的位置和预计的贯通点，并在平面图上量出必要的尺寸，再根据规范规定的极限误差试算出测角和量距的必要精度，然后进行测量。这个过程叫作测量设计或隧道贯通误差的预计。4 km 以下的隧道中线贯通极限误差为 ±100 mm；4～8 km 的隧道中线贯通极限误差为 ±150 mm。

2.高程控制

短隧道应用普通水平仪，长隧道应用精密水准仪即能保证需要达到的精度。高程贯通极限误差为 ±50 mm。

（四）隧道开挖

开挖方法有明挖法和暗挖法两种。明挖法多用于浅埋隧道或城市铁路隧道，而山岭铁路隧道多用暗挖法。按开挖断面大小、位置分，有分部开挖法和全断面开挖法。在石质岩层中采用钻爆法最为广泛，采用掘进机直接开挖也逐渐推广；在松软地质中采用盾构法开挖较多。

1．钻爆法

钻爆法是在隧道岩面上钻眼，并装填炸药爆破，用全断面开挖或分部开挖等将隧道开挖成型的施工方法。钻爆法开挖作业程序包括钻孔、装药、爆破、通风、支护、装渣与运输等工序。

（1）钻孔。要先设计炮孔方案，然后按设计的炮孔位置、方向和深度严格钻孔。单线隧道全断面开挖，采用钻孔台车配备中型凿岩机，钻孔深度约为 2.5～4.0 m。双线隧道全断面开挖采用大型凿岩台车配备重型凿岩机，钻孔深度可达 5.0 m。炮孔直径约为 4～5 cm，炮孔分为掏槽孔（开辟临空面）、掘进孔（保证进度）和周边孔（控制轮廓）。

（2）装药。在掘进孔、掏槽孔和周边孔内装填炸药。一般装填硝铵炸药，有时也用胶质炸药。装填炸药率约为炮眼长度的 60%～80%，周边孔的装药量要少些。为缩短装药时间，可把硝铵炸药制成长的管状药卷，以便填入炮眼。也可利用特制的装药机械把细粒状药粉射入炮孔中。

（3）爆破。19 世纪上半期以前用明火起爆。1867 年，美国胡萨克铁路隧道开始采用电力起爆。此后，电力起爆逐渐推广。在全断面掘进中，为了减少爆破对围岩的震动和破坏，并保证爆破的效果，多采用分时间阶段爆破的电雷管或毫秒雷管起爆。一般拱部采用光面爆破，边墙采用预裂爆破。近期发展的非电引爆的导爆索应用日益广泛。

（4）通风。通风的目的是排出或稀释爆破后产生的有害气体和由内燃机产生的氮氧化物，同时排除烟尘，供给新鲜空气，借以保证隧道施工人员的安全和改善工作环境。通风可分主要系统和局部系统：主要系统可利用管道（直径一般为 1~1.5 m，也有更大的）或巷道（平行导坑等），配以大型或中型通风机；局部系统多用小型管道及小型通风机。巷道通风多采用吸出式，将污浊空气吸出洞外，新鲜空气由正洞流入。新鲜空气不易达到的工作面，须采用局部通风机补充压入。

（5）支护。隧道开挖必须及时支护，以减少围岩松动，防止塌方。施工支护分为构件支撑和喷锚支护。构件支撑一般有木料、金属、钢木混合构件等，现在使用钢支撑者逐渐增多。喷锚支护是 20 世纪 50 年代发展起来的一种支护方法，其特点是支护及时、稳固可靠，具有一定柔性，与围岩密贴，能给施工场地提供较大活动空间。中国在一些老黄土隧道中应用喷锚支护也获得成功。喷射混凝土工艺分为干喷和湿喷。现多采用干喷法，即将干拌混凝土内掺入一定数量的速凝剂，用压缩空气将混凝土由管内喷出。在喷口加水射到岩石面上，一次可喷 3~5 cm 厚度。在喷射混凝土中掺入一些钢纤维，或在岩面挂钢丝网可提高喷锚支护的强度。钢锚杆安设在岩层面上的钻孔内，其长度和间距视围岩性质而定，一般长度为 2~5 m，通常用树胶和水泥浆沿杆体全长锚固。在岩层较好地段仅喷混凝土即可得到足够的支护强度。在围岩坚硬稳定的地段也可不加支撑。在软弱围岩地段喷锚可以联合使用，锚杆应加长，以加强支护力。

（6）装渣与运输。在开挖作业中，装渣机可采用多种类型，如后翻式、装载式、扒斗式、蟹爪式和大铲斗内燃装载机等。运输机车有内燃牵引车、电瓶车等，运输车辆有大斗车、槽式列车、梭式矿车及大型自卸汽车等。运输线分有轨和无轨两种。

由钻孔直到出渣完毕称为一个开挖循环。根据工程经验，在单线全断面开挖中 24 h 能做两个循环，每个循环能进 3.5 m 深度，每日单口进度可达 7 m。然而在开挖中难免遇到断层或松软石质以及涌水等，不易保持每日的预计循环，所以每月单口实际进度多低于 200 m。中国成昆线蜜蜂箐单线隧道单口最高月进度曾达到 200 m。日本大清水双线隧道单口最高月进度曾达到 160 m。开挖循环作业的特点是：一个工序接一个工序必须逐项按时完成，否则前一工序推迟就会影响下一工序,因而拖长全部时间。其中,最主要的工序为钻孔及出渣,所用时间占全部作业时间的比例较大。

钻爆法开挖采用的方法有全断面开挖法和分部开挖法。

(1) 全断面开挖法。全断面开挖法是一次开挖成形的方法。一般采用带有凿岩机的台车钻孔,用毫秒爆破,喷锚支护。还要有大型装渣运输机械和通风设备。全断面开挖法后又演变为半断面法。半断面法是弧形上半部领先,下半部隔一段距离施工。

(2) 分部开挖法。先用小断面超前开挖,然后将导坑扩大到半断面或全断面的开挖方法。这种方法的主要优点是可采用轻型机械施工,多开工作面,各工序间拉开一定的安全距离;缺点是工序多,有干扰,用人多。该方法根据导坑在隧道断面的位置分为上导坑法、中央导坑法、下导坑法以及由上下导坑互相配合的各种方法,另有把全断面纵向分为台阶进行开挖,而各层台阶距离较短的台阶法。

上导坑法适用于软弱岩层,衬砌顺序是先拱后墙,曾于 1872—1881 年为圣哥达隧道采用,中国短隧道一般也采用这种方法。中央导坑法是导坑开挖后向四周打辐射炮眼爆破出全断面或先扩大上半部。20 世纪初美洲曾用这种方法,20 世纪 20 年代美国新喀斯喀特隧道也用这种方法。下导坑法即下导坑领先的方法。上下导坑法利用领先的下导坑向上预打漏斗孔,便于开展上导坑等多工序平行作业。衬砌顺序多用先拱后墙,遇围岩较好时亦可改为先墙后拱。

上下导坑互相配合的方法有:

第一,漏斗棚架法。适用于坚硬地层,以下导坑掘进领先,自下而上分层开挖,设棚架,先衬砌边墙后砌拱。1961—1966 年在中国成昆线关村坝铁路隧道工程中应用了此方法,取得平均单口月成洞 152 m 的进度。

第二,蘑菇形法。同漏斗棚架法类似,也设棚架,但先衬砌拱部后砌边墙。1971—1973 年在枝柳线彭莫山单线隧道工程中应用了此方法,取得平均单口月成洞 132 m 的进度。

第三,侧壁导坑法。两个下导坑领先,环形开挖,最后挖掉中心土体,衬砌顺序为先墙后拱，多用于围岩很差的双线隧道。也有采用上导坑领先及两个下导坑成品字形的。

全断面开挖法和分部开挖法是钻爆法开挖常用的方法，但隧道施工很复杂，时常遇到各种困难情况，如大断层、流沙、膨胀地层、溶洞、大量涌水等，还需采取相应措施。

2. 盾构法

盾构法是采用盾构作为施工机具的隧道施工方法。1825年在伦敦泰晤士河水下隧道首先试用盾构，并获得成功。此后，松软地质多采用盾构法开挖。盾构是一种圆形钢结构开挖机械，其前端为切口环，中间为支撑环，后端为盾尾。开挖时，切口环首先切入地层并能掩护工人安全地工作；支撑环是承受荷载的主要部分，其中安设多台推进盾构的千斤顶及其他机械；盾尾随着上述两部分前进，保护工人安装铸铁管片或钢筋混凝土管片。盾构法适用于松软地层，施工安全，对地层扰动小，控制围岩周边准确，极少超挖。日本丹那铁路隧道曾采用盾构法施工。

3. 掘进机法

掘进机法是指在整个隧道断面上，用连续掘进的联动机施工的方法。早在19世纪50年代初，美国胡萨克隧道就试用过掘进机法，但未成功。直到20世纪50年代以后，该方法才逐渐发展起来。掘进机是一种用强力切割地层的圆形钢结构机械，有多种类型。普通型掘进机的前端是一个金属圆盘，以强大的旋转和推进力驱动旋转，圆盘上装有数十把特制刀具，切割地层，圆盘周边装有若干铲斗将切割的碎石倾入皮带运输机，自后部运出。机身中部有数对可伸缩的支撑机构，当刀具切割地层时，它先外伸撑紧在周围岩壁上，以平衡强大的扭矩和推力。掘进机法的优点是对围岩扰动小，控制断面准确，无超挖，速度快，操作人员少。

4. 隧道衬砌

隧道开挖后，为使围岩稳定，确保运营安全，需按一定轮廓尺寸建造一层具有足够强度的支护结构，这种隧道支护结构称为隧道衬砌。常用的衬砌种类有就地灌注混凝土衬砌、预制块拼装衬砌、喷锚或单喷混凝土衬砌、复合式衬砌。复合式衬砌是在喷锚或单喷支护之后，再就地灌注一层混凝土，形成喷锚支护同混凝土衬砌结合的复合式衬砌结构。如遇有水地段可在两层支护间加挂一层塑料板或做其他防水层。

三、隧道工程的发展趋势

在隧道工程中，喷锚支护有可能取代构件支撑。喷锚支护的主要优点是支护及时，安全可靠，并能大量节约木材和钢材。欧洲一些国家在较弱地层的大断面爆破后，采用长锚杆结合喷混凝土做支护，已获得成功。中国亦曾在老黄土隧道开挖中使用喷锚支护。自喷锚支护发展后，对较弱岩层也可进行全断面开挖，以全断面开挖取代分部开挖。

在岩石地层中采用全断面开挖及喷混凝土衬砌，其质量好坏首先取决于光面爆破。运用新奥法原理，考虑围岩自身承载能力，可在坑道爆破后尽早采用单喷或喷锚作初期支护，随即连续量测位移，判定围岩基本稳定时间，再进行二次支护，这样可以建成较经济的衬砌结构。

现代高度竞争的地下采矿与隧道工程要求成本集约、安全开凿与岩石加固等程序步骤。采矿的机器设备必须安全可靠，并紧密跟随工业持续提高的生产力与飞速发展的经济步伐。掘进机开挖法正在不断研究改进，并生产出各种新机械，其有广阔的应用前景。液压凿岩机不断更新完善，使隧道开挖进度大大提高。光电测量仪器和激光导向设备的使用，使长隧道施工精确程度有所提高。目前，航空勘测、遥感技术、物探技术、岩层中应力应变的量测技术、电子计算机技术等的广泛应用，使隧道勘测设计技术水平也有很大提高。精确爆破技术、水平钻探技术和预灌浆技术的不断提高，提高了隧道开挖过程的安全性，并能保证隧道工程的质量。

为支持极高的隧道信号接收灵敏度，同时为了适应隧道内施工设备支架等遮挡，人们设计了独特 MIMO 的多径信号增强功能，可以比一般设备提供更远的传输距离和更大的传输带宽。近年来，BITWAVE 产品在多条公路和铁路隧道监控建设方面取得了丰富的成功经验，这是最有说服力的优势。

虽然视频监控是比较成熟的应用，但由于隧道是特殊路段，普遍存在挖进深度大、空间环境狭窄、光线变化大、视野不清的特点，所以比一般环境存在更大的潜在事故危险，尤其在大西铁路这样隧道地形环境复杂的项目上，当发生火灾等紧急事件时，交通疏导和救援工作与普通路段大不一样，而且二次事故产生的后果可能比原发性事故严重得多，因此保障隧道内的安全建设和运营是管理部门最关注的问题，先进的无线监控系统将发挥重要的作用。

第二章 铁路桥梁施工相关技术

第一节 铁路桥梁双壁钢围堰施工技术

一、双壁钢围堰施工技术背景

随着我国公路桥梁建设的迅猛发展,跨江河乃至跨海等大跨径桥梁的建设已经成为桥梁建设的大动脉,因此深水低桩承台施工的案例也日益增多。目前,国内深水低桩承台多采用围堰施工,尤其以双壁钢围堰较为常见。常规钢围堰的施工工艺一般是先在陆上加工钢围堰,用大型船舶运至施工现场,使用大型起重船配合桁架系统吊装和下放钢围堰,其施工工期长,对起重设备、人员配备及运输设备要求高。另外,常规钢围堰自重较轻,需浇筑大量压舱混凝土进行辅助入泥下沉,从而使得可回收部分钢结构数量减少,造成大量的资源浪费,增加施工成本。并且,常规钢围堰施工完成后,需由专业潜水人员进行水下作业切割钢围堰,并使用大型起重设备对钢围堰进行回收,而钢围堰水下拆除十分困难,风险系数高,拆除成本大、工期长。自改革开放以来,我国的桥梁修建水平逐年提高,新技术、新工艺不断出现,特别是杭州湾跨海大桥、港珠澳跨海大桥等的建成,标志着我国桥梁施工领域的科研和技术已经达到世界先进水平。

二、桥梁水中基础

（一）桥梁水中基础的定义

桥梁水中基础是桥梁的最下面部分，也是其下部结构最重要的部分之一，作用是将上部荷载传递给最下端的地基部分，这样也就保证了桥梁上部结构的安全、稳定。然而这部分结构在水中，因此施工比较困难。

（二）桥梁水中基础的现状

随着科学技术的进步，桥梁工程的水中基础在施工方面不断变化，随着施工技术的升级，施工的要求也逐渐提高。施工环境、气候等因素给水中基础施工造成了很大的难度，常规的施工技术很难满足要求。其中，长江及沿海流域是桥梁水中基础工程的集中区域，设计水中基础的形式也丰富多彩。改革开放以来，我国的跨江桥梁修建数量日益增加，这无疑显示出我国桥梁水中基础施工技术的精湛。从古至今，我国修建了大量跨江河湖泊桥梁，同时也包括近代的许多大跨度的跨海大桥，积累了丰富的水中基础施工经验。自20世纪50年代至今，我国水中基础施工水平已经迈入全球前列，如：武汉长江大桥第一次采用管桩基础；南京长江大桥采用重型沉井、钢沉井及深水浮运钢筋混凝土这种沉井技术；肇庆西江大桥采用了双承台钢管桩基础；九江长江大桥第一次使用双壁钢围堰钻孔桩基础，并且取得了相当好的预期效果；建造茅岭江铁路大桥时，平台式套箱围堰技术也首次得到应用。现如今，施工组合的形式特别多，如双壁钢围堰和钻孔灌注桩承台的施工，这种也是比较合理的施工组合。

（三）桥梁水中基础施工要考虑的问题

由于水下施工环境恶劣，桥梁水中基础施工需要考虑很多问题，涉及基础埋深、地基承载力与沉降量等，现归纳总结如下：

（1）所受的水平方向力，主要包括水流冲击力、船舶碰撞力、波浪力等。

（2）稳定性与安全性，受水文条件控制，所以水文、地质条件具有同等地位。

（3）需考虑潮汐、洪水，以及流水所夹砂石与流水碰撞等问题。

（4）类型的选择需要慎重，要全面进行可行性分析，这对基础造价的高低、桥梁工程项目的成败、工程质量的好坏和工期的长短影响重大。

（5）必须有高抗自然灾害的能力，所以勘测设计工作需要做得大量、细致。然而深水基础的勘测要取得真实可靠数据，必须在水下进行原位勘测，这就需要更先进、更可靠的勘测技术。

（6）设计和施工属于水下隐蔽工程，必须将水速、水深等其他约束条件联系起来进行分析。

（7）对于海湾、海峡等桥梁水中基础的设计和施工，还需考虑台风、巨浪、大潮等所产生的巨大水平力。

三、桥梁水中基础防水围堰

众所周知，修建的桥梁往往处于水深、流急的复杂地质环境下，而防水、防土、防冲刷、防滑坡等是其基础修建的基本要求。除了有阻水功能的沉井、沉箱基础，其他基础如桩基础、管桩基础需要采用围堰来进行施工。因此，围堰在桥梁水中基础的建设中有着极其重要的地位。

（一）围堰类型及适用条件

实际工程围堰的结构形式和材料类别各种各样，还需根据水深、流速、地质及基础形式等条件决定。按照材料不同，围堰可分为土石围堰、草土围堰、木笼围堰、钢围堰等。钢围堰材料本身不只能够防水，还可以依靠钢材本身的强度和刚度来抵御外界的水和土压力，适用于水中基础施工。

（二）几种主要的钢围堰

1. 钢板桩围堰

武汉长江大桥的建成，标志着钢板桩围堰技术的成功，而该围堰技术在南京长江大桥深水基础施工中再次应用成功，促使其成为我国早期修建大型桥梁深水基础的主要形式。钢板桩、钢围图为钢板桩围堰的主要结构，钢板用于防水、挡土及封底混凝土模板，而钢围图作为内支撑的同时还为沉管柱悬挂作引导。钢围图是顶层用于搭设施工平台，在后期墩身出水面后全部拆除的一种临时辅助性结构，它还包括内、外导环及内支撑。导环相当于水平梁结构，将钢板桩所受的外力传递到内支撑上。围堰形状不同，导环的叫法也不相同，围堰平面形状为圆形时称圆环。内、外导环固定于同一平面，互相平衡，从而限制钢板桩，避免发生倾斜。为了满足受力需求，一般最少设置两层导环。内支撑作为唯一的受压构件，也是整体围堰中承受最大压力的构件，其结构形式一般为对称式，可以简化为空间的桁架单元。钢板桩围堰适用于易插打、水深较浅的河流领域，还要求水速慢、围堰内外水头差小及水域覆盖层薄。

2. 钢套箱围堰

钢套箱围堰是一种临时无底无盖挡水结构，主要由壁板和内支撑组成，根据围堰立面形状可分为长方形围堰、圆形围堰和其他特殊形状的围堰。壁板作为套箱水平力的直接受力部分，分为单壁围堰、双壁围堰两种形式。单壁钢围堰一侧有壁板，结构简单，加工方便，必须现场拼装，只适用于水深浅、流速慢的环境。双壁钢套箱围堰结构整体刚度强，主要适用于较深水域，但其结构复杂，施工难度也较大。套箱刃角部分直接深入河床内一定高度，其壁板会受到土体的压力和河床底部流沙的冲刷作用及流水压力，其表面还会承受波浪引起的外力及风荷载作用。因此，其质量要求高，一般是在岸上分块加工，然后运至墩位处进行水上现场拼装，从而使大型深水基础的施工安全得到保证。

3. 钢吊箱围堰

钢吊箱围堰是一种有底套箱的围堰，主要由壁板、底板、内支撑、悬吊及定位系统组成,从而为承台施工提供无水作业的环境。壁板、底板既可以阻水,又可作为封底混凝土的模板。钢吊箱的顶部可作为施工平台进行混凝土浇筑。钢吊箱围堰施工,一般是岸上加工、拼装成整体运送至墩位进行下沉,施工相对而言比较方便。但因为其不进入河床底部,悬吊在水域中,对其定位要求很高,加上钢吊箱围堰的结构复杂,所以整体施工难度仍比较大。

四、双壁钢围堰的特点

双壁钢围堰主要是由内外壁板、中间水平及竖向桁架连接底部刃角而组成的整体结构。钢围堰周围沿壁板布置一定数量的水平和竖向加劲板,从而保证结构更加稳定。为使内外壁组合成一个整体,必须用角钢焊接同一平面上的内外弦板。内外壁设置隔仓板,将围堰等分成若干个独立的仓,保证了围堰下水悬浮阶段稳定,沉至河床时能够分仓灌水,以适应围堰的下沉高度及倾斜度。刃角为三角板且向内倾斜,保证围堰在河床中的下沉和固定,其强度、刚度适用于水深超过 5 m 的复杂施工环境。双壁钢围堰施工相对于其他深水基础的施工方法,有着安全高效、材料利用率高和成本低的优点。随着施工工艺的逐步改善,双壁钢围堰在国内外大深水桥梁基础工程中的应用越来越广泛。

双壁钢围堰一般在岸上加工,水上完成拼装后再整体下沉到设计标高,能适应水流湍急的河流中承台的施工。钢围堰下沉到位后,进行水下混凝土封底,直到混凝土的强度达到规范值后,再将围堰内的水抽干,从而化水下施工为陆地施工。与单壁钢围堰相比较,双壁钢围堰的应用更为广泛,其具有更高的强度,可承受更大的围堰内外水头差所产生的水压力。钢围堰无论在什么样的季节、水深、覆盖层厚等条件下都可以施工,而且能循环利用,充分提高了材料的利用率,降低了成本。从技术角度看,双壁钢围堰的设计和施工技术已逐渐成熟;从经济角度看,同其他施工方法比较,双壁钢围堰施工虽然在材料上不是最节省的，但是在大跨度桥梁水中基础施工中，特别是跨江河的桥梁水中基础施工中，可以对钢围堰材料进行重复利用，从一定程度上也达到了经济合理的效果。

五、双壁钢围堰施工应用——以惠新大道跨东江大桥为例

（一）三种结构形式的设计

根据实测水位以及水文分析报告等相关资料，惠新大道跨东江大桥 11#墩～21# 墩处承台拟采用无底双壁钢围堰施工法进行施工。以此工程项目实施性总体施工组织设计方案为总指导文件，安排非雨季进行施工，综合考虑封底混凝土厚度、通航水位高程、不可预见风险，选定双壁钢围堰顶面高程为＋16.6 m，底面标高根据双壁钢围堰设计图纸确定，每个墩底面设计标高不同，施工中及时做好标高控制。

1.引桥墩双壁钢围堰

惠州惠新大道跨东江大桥 11#～13# 及 19#～21# 引桥墩承台钢围堰结构布置基本一致，根据其承台埋置深度不同，选取其中钢围堰深度最深的 13# 引桥墩承台钢围堰为例。惠州惠新大道跨东江大桥 13#墩承台钢围堰结构设计为双壁钢围堰，承台设计为两个分离式承台，尺寸为 6.45 m×6.05 m，双壁钢围堰平面尺寸为 21.17 m×11.69 m，夹壁厚度为 1.8 m，双壁钢围堰内侧距承台外边 1.0 m。结合理论及实际，对于双壁钢围堰尺寸要求，内外壁板均采用 8 mm 厚钢板，钢箱采用 1.2 cm 厚钢板焊接而成，竖肋选用 120 mm×80 mm×12 mm 不等边角钢，将其钉焊在内、外壁体上，角钢长边钉入壁体深度为 3 mm，竖肋与壁体之间焊接为满焊；环向钢板选用 16 mm 厚钢板，通过环向钢板与壁体以及钢箱的焊接，将围堰分成多个隔箱形式，环向钢板的竖向分布间距根据

围堰在不同深度间距分布均不同,从上至下由 1.2 m 逐渐减小为 0.7 m,夹壁压舱混凝土浇筑部分环向钢板分布间距为 1.4 m;斜向支撑选用 100 mm×80 mm×10 mm 不等边角钢,焊接于环向钢板上,其与环向钢板接触部分的焊接均为满焊;内支撑选用 $\phi 630×10$ 圆钢管。

2.主桥过渡墩双壁钢围堰

惠州市惠新大道跨东江大桥 14# 和 18# 辅墩承台结构尺寸完全一致,但是承台埋深不同,其中 14# 辅墩承台底标高为-0.385 m,18# 辅墩承台底标高为+2.615 m。因此,本计算以受力最不利的 14# 辅墩承台双壁钢围堰为例进行分析。惠州惠新大道跨东江大桥 14# 墩承台钢围堰结构设计为双壁钢围堰,承台平面尺寸为 10.5 m×6.75 m,双壁钢围堰内框平面尺寸为 16.34 m×12.39 m,夹壁厚度为 1.8 m,双壁钢围堰内侧距承台外边 1.0 m。考虑到双壁钢围堰入泥较深以及最不利工况下水深较大,双壁钢围堰内外壁板均采用 8 mm 厚钢板,钢箱采用 1.2 cm 厚钢板焊接而成,竖肋选用 100 mm×80 mm×10 mm 不等边角钢,将其钉焊在内、外壁体上,角钢长边钉入壁体深度为 3 mm,竖肋与壁体之间焊接为满焊;环向钢板选用 16 mm 厚钢板,通过环向钢板与壁体以及钢箱的焊接,将围堰分成多个隔箱形式,环向钢板的竖向分布间距根据围堰在不同深度间距分布均不同,从上至下由 1.2 m 逐渐减小为 0.7 m,夹壁压舱混凝土浇筑部分环向钢板分布间距为 1.4 m;斜向支撑选用 80 mm×50 mm×8 mm 不等边角钢,斜向支撑焊接于环向钢板上,其与环向钢板接触部分的焊接均为满焊;内支撑选用 $\phi 630×10$ 圆钢管。

3.主桥墩双壁钢围堰

惠州惠新大道跨东江大桥 15#～17# 桥墩承台钢围堰结构布置基本一致,根据其承台埋置深度不同,选取其中钢围堰深度最深的 16# 主墩承台钢围堰进行计算分析。惠州惠新大道跨东江大桥 16# 墩承台钢围堰结构设计为双壁钢围堰,承台设计为两个分离式承台,尺寸为 14 m×9 m,双壁钢围堰平面尺寸为 40.54 m×15.04 m,夹壁厚度为 2.0 m,双壁钢围堰内侧距承台外边 1.0 m。内外壁板均采用 8 mm 厚钢板,钢箱采用 1.2 cm 厚钢板焊接而成,竖肋选用

120 mm×80 mm×12 mm 不等边角钢，将其钉焊在内、外壁体上，角钢长边钉入壁体深度为 3 mm，竖肋与壁体之间焊接为满焊；环向钢板选用 16 mm 厚钢板，通过环向钢板与壁体以及钢箱的焊接，将围堰分成多个隔箱形式，环向钢板的竖向分布间距根据围堰在不同深度间距分布均不同，从上至下由 1.3 m 逐渐减小为 0.6 m，夹壁压舱混凝土浇筑部分环向钢板分布间距为 1.5 m；斜向支撑选用 100 mm×80 mm×10 mm 不等边角钢，斜向支撑焊接于环向钢板上，其与环向钢板接触部分的焊接均为满焊；内支撑选用 $\phi630×10$ 圆钢管。双壁钢围堰需要在平台上焊接组装成型，然后开始下沉，等待下沉稳定后内侧灌注 1.8 m 厚混凝土，外侧灌注大于 1.2 m 开挖基坑内混凝土。

（二）双壁钢围堰施工工艺

双壁钢围堰先采取岸上分节、分片加工，然后运至水中墩位处进行现场拼装下沉。先进行定位桩放样、打设，在墩位原位处根据定位桩进行组拼、接高，利用千斤顶同步下沉就位。实际施工的时候，按照施工总设计要求的工期，先进行桩基施工，然后利用桩基钢护筒作为临时的支撑结构，搭设平台进行钢围堰施工。

1.双壁钢围堰具体施工步骤

（1）安装拼装支架

桩基完成后，拆除钻孔平台。利用 $\phi300$ mm 钢管平联等作为辅助结构，将钢护筒连成一个整体。利用外侧护筒来焊接围堰拼接支架，支架材料为 2H45 型钢，上斜撑作为主要受力构件，支架顶面标高为＋12.115 m。

（2）钢围堰拼装

①拼装顺序

采用竖向拼装成大块的拼装方式，利用 130 t 的履带吊，从短边向长边对称进行拼装。首节围堰拼装完成后采用连续千斤顶同时同步下放，首节下放到设计位置后，在首节围堰上安装拼装平台，拼装第二节围堰，以此类推进行围堰接高。

②拼装方法

首先在拼装支架上将围堰拼装轮廓线及每相邻块件之间的拼装接线进行放样工作,并且在外侧轮廓边线上进行定位码子的安装,用于对钢围堰下口线的平面位置进行控制。拼装首节时,支架处需要焊接作为围堰支撑点的临时牛腿,同时需要在围堰内加焊临时支撑。采用在钢护筒外侧焊接的导向装置对钢围堰上口进行固定及控制,其中导向装置有两个作用,即拼装时的临时支撑作用和对钢围堰垂直度进行控制。利用履带吊将加工完成的构件安全吊起,慢慢运至安装位置,然后再通过定位码子,进行下口就位,之后与定位码子临时焊接固定。利用型钢和护筒作为辅助工具,进行上部临时固定。对于平面位置和垂直度必须采用精准测量仪器进行校验,经检查合格后,方可进行壁板与底板、壁板之间的连接工作。

围堰连接主要采用焊接,包括:面板的焊接、水平横撑的焊接、水平环板的焊接、竖向加劲角钢的焊接。利用角钢在围堰内、外壁搭设三角支撑平台,对水平缝进行焊接。

③质量要求

首节围堰拼装好后质量要求如下:

顶面中心偏位:顺桥向和横桥向各 20 mm。

围堰平面尺寸误差:长、宽均为 30 mm。

节间错台:2 mm。

垂直度:小于 $1/500\,H$。

焊缝质量:所有焊缝必须均匀、外形良好,无裂纹、无融合等缺陷,且焊渣和飞溅物全部清除干净。

焊缝等级:焊缝等级为二级。

质量检验:利用超声波技术对焊缝进行探伤检查,检查焊缝致密性采用煤油法。

(3)围堰接高、下放施工顺序

首节钢围堰拼装下放完成后,逐次接高第 2、3、4 层围堰,进行压舱混凝土浇筑促进围堰下放。再接高围堰至第 5 层，再次依靠注水等措施辅助下沉围堰至设计标高。

（4）围堰下放支架施工

①下放支架的施工

下放支架作为系统下放主要受力构件，是利用护筒顶面来焊接型钢，采用 1 cm 钢板搭设钢护筒顶面，并以此作为下放支架的安装平台。

②围堰吊点的焊接

对于主墩钢围堰来说，一般布置有 6 个下放吊点，其分别位于 4#、6#、8# 钢护筒的左右幅上。

（5）下放设备

①千斤顶的选择

一般情况下，都是利用液压提升系统来进行围堰下放工作。钢围堰重量及各吊点的荷载值决定了千斤顶的设置，在围堰长边 4 个钢护筒处，每个设置 1 台规格为 100 t 的千斤顶。每台千斤顶都配置有 9 根 ϕ15.24 mm 并且强度为 1 860 MPa 级的钢绞线；在围堰短边各设置 1 台规格为 200 t 的千斤顶。与前面一致，此时每台千斤顶配置 19 根钢绞线，并且要求规格为 ϕ15.24 mm、强度为 1 860 MPa。钢绞线连接方式为自上而下，先穿千斤顶和下放支架，然后与钢围堰上的吊点及构件夹持器相连接，最终组合在一起，构成整体承力系统。

千斤顶所受荷载：在钢围堰所有的施工阶段中，最大增加的重量为 450 t，计算出每个千斤顶最大的承载力 450/6＝75（t），那么可以按照 130 t 进行控制。

钢绞线的安全系数：对于每个吊点的受力，都可以按照 130 t 进行计算，而每台千斤顶穿过钢绞线数量为 9 根，那么其安全系数为：（9 根/台×1 台×20 t/根）/130 t=1.38，满足安全要求。

②千斤顶工作原理

运用千斤顶油缸的伸缩原理，积极配合上下两个夹持器进行持力交换工作，从而完成钢围堰的下放工作。

③下放设备安装

工程中，千斤顶一般是在护筒外伸的下放支架上进行安装，其锚固端必须与其正下方的壁板进行连接，根据实际吊点处承受荷载大小及时对吊点处的结构进行加固处理。在安装过程中，必须保证千斤顶上下夹持器、围堰上的锚固端都在同一条直线上，这样钢绞线受力的合理性才能得到保证。

（6）钢围堰下放

钢围堰下放所构成的下放系统，主要是由作为柔性吊杆的连续千斤顶、液压油泵、高强度钢绞线组成的整体。其中，该下放系统进行工作时的连续性与同步性是其主要特点，通过油泵对多台穿心千斤顶进行控制，最终可以让钢围堰安全、精确地下放至设计位置。待安装千斤顶、油泵就位后，利用钢绞线的一端先穿过千斤顶，再次穿过安全夹持器，并且需要进行连接头安装，同时应该打开安全夹持器，紧接着将钢绞线下放，此时应将连接头连接至钢围堰壁板牛腿。为了保证下放系统的安全性，需要在启用之前对提升系统进行现场调试，从而确保该系统中的所有千斤顶性能安全可靠，并要求工作中每台千斤顶伸缩行程必须一致。钢围堰下放之前，需要对每个千斤顶逐一进行预拉处理，预拉设定荷载值为钢围堰平衡下放时所应该承受的荷载。系统中每个千斤顶根据设计要求完成预拉之后，必须让下夹持器紧紧锁住，然后主顶活塞必须向下缩回至要求的统一高度位置，整个系统以此作为下放的起点。最后，利用该系统把围堰提升约为3~5 cm时，逐个检对堰上锚固点、千斤顶夹持器的锚固端及围堰各部分结构，检查是否安全。确定检查无误后，将围堰临时牛腿进行割除，启动下放系统开始下放。如果发现不正常，必须采取适当措施进行处理。

启动下放系统后，围堰开始下放，采取这种周而复始动作的液压系统，可以将钢围堰安全、精准地下放至预设定的位置。钢围堰下放时，千斤顶的动力源是液压油泵，考虑到每台油泵对系统中每个千斤顶的供给油量相等，还需要在千斤顶相关位置上装行程开关，所以同步性能是每个千斤顶必须具备的。除此以外，还需要在围堰壁体的合适位置布置若干个监测水准仪，以便随时观察围堰下放过程中的同步性，遇到偏差可以及时对系统进行调整，最终确保围堰的安全平衡下放。

（7）安全保证

①千斤顶和钢绞线提升、下放保障

该下放系统中，使用的千斤顶共 6 台，所有千斤顶的总提升（下放）能力大小为 800 t，因此千斤顶通过计算的安全系数为 800÷450＝1.8，故在该系统工作时，液压提升（下放）工作完全满足安全要求。钢绞线共计 74 根，总提升能力为 1 480 t，使得柔性吊杆系统具有 3 倍以上的安全系数，满足液压提升（下放）工程中的安全要求。

②夹持器

正常情况下，系统进行下放时，上夹持器和下夹持器分别处于两种状态，即打开或者关闭状态，如果遇到特殊情况需要处理，将上下夹持器及时锁紧，这样夹片将钢绞线紧紧锁住，确保下放的整个结构安全可靠。

（8）沉放指挥系统

考虑到该工程中钢围堰属于超大超重构件，即体积大、重量大，要求对钢围堰下沉成立一个专门指挥机构，对下沉工作精确指挥，从而保证其准确、安全下放到预定位置。

2.双壁钢围堰吸砂下沉

等到钢围堰成功着落至河床之后，应进入覆盖层中进行钢围堰拼装、焊接及吸泥下沉，这是一项比较细致的工作，而且受到较多因素影响和制约。考虑到仅仅依靠钢围堰结构自重进行下沉的沉降系数小及围堰内进行抽水时的结构强度小，所以采用在钢围堰的双壁内底节的刃脚处，浇注 7 m 厚度的 C25 水下混凝土进行辅助下沉。本工程中桥墩所处覆盖层地质情况，主要是砾砂和砾石层，钢围堰下沉主要通过吸砂进行。当钢围堰处于砂层时，通常使用两台 20 m³ 空压机，并且将其放置在围堰中心附近，同时进行两边对称吸砂。如果钢围堰遇到倾斜度较大的情况，可将其中一台空压机放在钢围堰顶面比较高的一侧进行吸砂，另一台空压机继续置于中心吸砂，这样可以做到一边下沉就位，一边调整平衡围堰状态。当围堰中心吸泥时形成锅底，并且其深度低于围堰刃脚 2 m 时，出现围堰持续不沉情况，应适当采用抽砂船配合施工，在围堰外围吸砂降低砂层，减小摩擦阻力使围堰下沉到位。在此过程中如果发现不能满足继续下沉要求，可采取双壁板内灌注一定量的砂砾以增加其自重。施工中抽取砂砾一部分用于双壁钢围堰夹壁回填砂增加钢围堰自重，多余部分外运至指定地点堆弃，以保证河道通航要求。当围堰下沉到后期时，运用均匀吸砂方法，必须保证砂层的高差不大于 0.5 m，并且严格控制其最大倾斜度不超过 1%，这样方能确保围堰均匀、安全稳定地下沉就位。当围堰的刃尖高程非常接近施工中设计的高程时，应该将围堰中间部位作为吸泥的主要方向，此时需要在围堰顶面相应的位置布置合理的方格网，按照方格网的坐标点布置空气吸泥机进行逐点均匀的吸泥工作，最终需要保证围堰底面的深度均匀适当及底部封底混凝土的厚度。在围堰下沉的整个过程中，需要随时做好测量工作，并且及时记录数据，主要包括围堰的总高度、刃尖的高程、中心的偏位、河床的高程变化、围堰内外的水头差等，一旦发现特殊情况，应提前做好解决方案。

3. 双壁钢围堰封底混凝土施工

（1）导管的布设

封底的时候，需要合理布置输送混凝土的导管。一般是利用双壁钢围堰顶面搭设临时的工字钢作为灌注工作的施工平台，在其上面将导管合理地进行布置，便于水下封底。按照设计要求，拟计划布置 7 个点进行混凝土封底工作，拟用导管共 8 根，其中固定使用 7 根，流动使用 1 根。每根导管的储料斗要求首斗混凝土方量为 8.0 m³，并且要求导管悬空高度为 20 cm。

（2）混凝土封底流动方向

此次进行的封底计划采取先两边后中间的方法，首先将 2 个导管点布置在双壁钢围堰内上游和下游，开始逐个进行首批混凝土料封底，后面一定要持续不断地跟上首批混凝土的浇筑，中间不能出现断料现象。整个封底工作主要是依靠前面 7 根导管分别进行灌注完成，现场的第 8 根作为机动作用的导管，等到封底收尾时使用。一旦前面发生特殊情况，比如其中某一根突然不能工作，这时第 8 根导管正好可以替补工作。为了使整个封底过程中料的流动性良好，应严格控制混凝土的坍落度为 18～20 cm，而且首批料的规格是取偏小值，混凝土的砂率控制在 45%～48%。考虑用泵车进行送料以便与导管点间进行送料转换。整个封底工作中，不能一味只强调灌注混凝土，还需要多方位测量水下封顶混凝土的情况，如标高之类的数值。首批料完成灌注之后，后面的料必须连续灌注完成。

（3）混凝土封底标高控制

混凝土封底高度为 3.5～4.5 m。这一步相对来说也比较关键，因为在水下很难知道顶面标高的准确值。一般来说，混凝土封底标高大于 10 cm 并且小于 20 cm。

（4）封底混凝土的施工顺序

为了保证钢围堰更加稳定，施工更加安全，必须先进行壁体之间混凝土的浇筑，再进行封底混凝土浇筑。而对于封底混凝土灌注，由于实际工程中混凝土生产量有限，不可能无限量地对现场进行供给，因此主要采取的灌注方式是从中间到两边、从低处到高处，逐个进行灌注。

4.双壁钢围堰拆除施工

钢围堰拆除步骤：

（1）墩身施工完成后，向钢围堰里面注水，使围堰里面水位和围堰外水位保持一致。

（2）采用穿心液压千斤顶从中间向两边对称拆除围堰内外壁精轧螺纹钢吊杆。

（3）采用空气吸泥机在围堰内对称吸沙，利用水的浮力将围堰缓慢上浮。

（4）第三层围堰全部浮出水面，采用 100 t 履带吊对称分块拆除第三层围堰。

（5）采用空气吸泥机对称清理第二层围堰内剩余的细砂，使第二层围堰继续上浮。

（6）潜水员先拆除第二层围堰水面以下钢法兰锚固螺栓，采用 100 t 履带吊分块拆除第二层围堰。

第二节　铁路桥梁工程高墩施工技术

一、铁路桥梁工程高墩施工特点

(一) 对设备、工艺要求高

自然环境、施工技术等因素对高墩施工的制约较多，所以为提升工程建设效率，一般会借助模板同时进行多个高墩墩身的施工作业。此种方式虽然能够节约工期，提升施工效率，但需要投入大量的人力和物力成本，且对高墩施工工艺方案、施工设备的配置要求较高。比如，起吊高墩结构时需要用到较多起重设备，混凝土浇筑时需使用 100 m 高的高压混凝土输送泵。

(二) 墩身施工耗时长

一般铁路桥梁项目中的高墩墩高不低于 55 m，墩身施工需采用翻模施工技术。但在具体施工作业中，地形条件、天气都会影响高墩施工进度，导致墩身施工所需的时间较长。铁路桥梁墩身较高，对混凝土浇筑高度有一定要求，每次浇筑应控制为每模 4.5 m，每个高墩需要在多次浇筑后完成，由此导致高墩浇筑速度缓慢、耗时较长。

二、铁路桥梁工程高墩施工的质量控制措施

（一）增强高墩稳定性

高墩是铁路桥梁的重要支撑结构，其稳定性会直接影响铁路桥梁的使用质量。高墩施工前，应全面考察铁路沿线的地质环境，并在施工过程中注意预防整块硬物对高墩稳定性产生的不利影响。高墩的质量决定其稳固性，所以在桥梁高墩的施工过程中，还应加强高墩的质量检验，规范高墩工艺，使其各项质量指标符合铁路桥梁高墩施工的根本要求，确保高墩结构稳定。

（二）明确高墩施工质量控制要点

应用可定型的高墩模板，加强模板安装、接缝的质量控制。模板接缝时，可用双面止浆带，同时用腻子抹平面板。高墩结构中的保护层可采用混凝土垫块，以此确保高墩墩身美观。加工制作高墩模板时，应严格控制模板的拼缝大小、刚度、错台、平顺度。投入使用前进行试拼装，排查质量风险。高墩施工时应注意混凝土的合理配置，确保其耐久性符合设计要求。应做好高墩墩身混凝土的降温防裂工作，加强墩身施工后的养护管理，合理控制养护时间，减少高墩表面裂纹风险，保障高墩施工质量。

三、铁路桥梁工程高墩施工技术要点

（一）合理布设施工支护体系

高墩施工时，在高墩施工区域设置"扣件式钢管"脚手架，将其作为施工支护体系。脚手架位置可根据高墩实际高度、规格大小确定。当项目中的高墩高度大于 50 m 时，脚手架应采用双管双排立杆的搭建模式。各排脚手架的搭

设距离约为 0.8 m，大横杆距离控制在 1.5 m 以内。若脚手架高度超出设计范围，应将脚手架与高墩结构直接连接，以确保施工安全。另外，高墩施工期间，为加强钢管的连贯性，应将脚手架结构中每组钢管的间距调整为 4.5～5 m。将高墩与脚手架立杆连接时，还应用规格为 5 mm 的钢管加固立杆结构。随后结合脚手架搭建刚度要求，放置剪刀撑。在此期间，为确保脚手架承载能力符合高墩施工要求，应按照高墩施工设计，提前计算脚手架所需的承载能力，详细分析脚手架结构中小横杆、立杆的刚度和强度要求。

（二）明确高墩模板设计、组装要点

1.高墩模板设计

铁路桥梁项目中高墩模板多为钢材质模板，市场上常见的钢材质模板包括定型模板、异形模板两种。为加强高墩稳固性，在进行模板设计时，所用面板的边框和板肋为宽度不低于 70 mm 的钢板，钢板厚度为 8 mm，板肋间距为（275±25）mm。

2.高墩模板组装

组装高墩模板时，施工人员应遵循以下技术要点：清理高墩承台表面，确保表面无浮浆且露出混凝土层后，清理模板表层，涂抹脱模剂，脱模剂配比应遵守高墩施工组织设计要求，如脱模剂中机油、柴油的比例应调整为 2∶1。涂抹脱模剂时，应严格控制脱模剂的量，同时均匀地将其涂刷在高墩模板上，使其顺利结膜。高墩模板的吊装高度通常为 2～4 m，连接模板结构时，应用双面胶黏合模板连接处，并注意预防漏浆风险。应提前在高墩模板中埋设 PVC 管，使模板结构能够顺利对接，拆模后再次使用模板，以利于节约高墩施工成本。完成高墩模板组装后，应检查、评估模板组装质量，测量模板四角的基本方位，校正模板轴线，使模板轴线误差不超过 5 mm，核查无误后用手摇葫芦固定高墩模板的四角。高墩墩身模板可分为混凝土施工模板、定位导向模板两种。高墩施工时，施工人员在模板组装时可在每个桥墩使用 8 m 长的直板模板，然后浇筑混凝土，浇筑后向上顺接 6 m 的高墩内外模板，搭建混凝土施工模板体系。

（三）灵活应用混凝土施工技术

1. 选用混凝土原料

为使铁路桥梁高墩的墩柱外表美观、质量良好，选用混凝土原料时，应提前检测水泥、其他辅料的亲和性。随后根据高墩施工设计，选用粗细骨料，控制混凝土砂浆中的含泥量。

2. 控制混凝土坍落度

高墩施工需借助输送泵输送混凝土，在此期间，施工人员应注意控制混凝土的坍落度，避免因混凝土坍落度过大而导致混凝土出现蜂窝、水泡、翻砂等问题，影响高墩施工质量。混凝土坍落度过小，同样会改变混凝土的流动性，进而影响高墩墩柱的美观。因此高墩施工时还应结合高墩墩身的施工高度，将混凝土的坍落度控制在（150±10）mm 为最佳。

3. 配制及浇筑混凝土

混凝土配制质量同样会影响高墩施工质量，应按照高墩施工组织设计配制混凝土，并且在拌和混凝土时，使混凝土搅拌时间不低于 2 min。浇筑混凝土前，还应提取部分样品，在混凝土凝固后检验其浇筑质量，无误后投入使用。若高墩施工中混凝土垂直倾落高度大于 2 m，泵送混凝土时应借助振动管、串筒控制混凝土的下落速度。混凝土浇筑方法为分层浇筑，浇筑后均匀地将混凝土摊铺在高墩模板上，混凝土浇筑期间若模板位置、泵送拉杆错开，应及时调整，确保浇筑作业的可靠性。另外，对高墩墩身进行分节浇筑时，施工人员还应控制好每节墩身的混凝土顶面高度，使邻近墩身接缝良好。当混凝土浇筑到高墩顶层结构时，应让混凝土保护层高于高墩模板层顶部。浇筑完毕后，组织施工人员用木抹子对混凝土进行抹平处理，将高墩的模板面、混凝土顶面整平。

4.振捣及养护混凝土

指定专人监管混凝土振捣作业,振捣期间重点控制混凝土浇筑速度、浇筑质量。振捣前应提前测试振捣棒,随后自外而内地振捣模板上的混凝土。浇筑、振捣结束后,要对混凝土进行养护,直到混凝土强度达到 2.5 MPa 时拆模。拆模时应注意模板弹性,并且为确保高墩墩柱质量,施工人员应同步卸下手摇葫芦和墩柱模板,避免拆模工作对墩柱结构产生破坏。拆模时先将螺母卸下,然后逐一拆除模板结构。拆除期间应注意控制模板位置,并使模板和墩柱的混凝土面层留有缝隙。同时定期洒水,使混凝土降温,保证墩柱混凝土强度和湿润度。通常情况下,每卸除一块墩柱模板,都应对混凝土洒水降温。墩身较高的铁路桥梁洒水养护难度大,对此可在低矮区域洒水,其余墩身使用混凝土养护液、高墩顶部覆盖土工布。具体养护方法是用压缩喷雾器,将混凝土养护液喷洒在墩身混凝土表面,喷头和混凝土面的距离约为 30 cm。混凝土拆模后同样应立即喷洒养护液,避免因喷洒不及时导致混凝土内水分蒸发。

(四)规范钢筋连接技术流程

焊接高墩墩身内钢筋基本工艺流程如下:检查机械设备→设计焊接参数→试焊模拟试件→确定焊接参数→施焊→检验钢筋连接质量等。高墩施工中的钢筋焊接接头形式有帮条焊、坡口焊、搭接焊、熔槽等 4 种。在此期间,应按照铁路桥梁高墩结构设计,将水平钢筋吊装在墩身上,加固处理后绑扎钢筋。施工人员依照高墩钢筋捆绑特点,设置墩身钢筋保护层,控制钢筋连接时的各项参数。比如搭接焊接头焊缝厚度应大于主筋直径的 0.25 倍;焊缝宽度为主筋直径的 0.7 倍;固定主筋、帮条时可采用四点定位焊接工艺,固定点距离钢筋结构顶端约 20 mm,主筋间距应预留 2~5 mm 空间。钢筋连接时,应严格控制墩身钢筋结构的间距,将其误差控制在合理范围内。

（五）重视墩身测量控制

墩身线性控制是铁路桥梁高墩施工的难点问题，在高墩施工技术体系中，施工人员可通过墩身测量的方式，准确定位墩身，加强墩身线性控制。

1.墩身测量放样

高墩墩身测量放样一般采用"全站仪三维坐标法"。应用该测量方法时，施工人员可在墩位周边布设的控制点上安装测量仪器，分别测量每个控制点的墩身三维坐标、高程，对比分析后取测量平均值，评估墩身位置是否符合设计值。发现误差后，可计算测量差值，调整墩身点位。

2.钢筋放样

安装墩身的竖向钢筋作为定位钢筋，定位钢筋上可用钢卷尺进行测量放样，初步地粗定位墩身，随后安装横向钢筋结构、墩柱模板，调整钢筋保护层。

3.墩身施工测量

复测墩身测量所需的基准点，并注意外部环境对墩身测量造成的影响，尽量在风力小、温度低的情况下放样测量高墩墩身的各个部位。

4.控制墩身位置

高墩施工过程中，施工人员应注意墩身空间位置的控制，避免在模板成型后出现位移、侧移情况。控制测量方法是在模板顶面布设定位点，定位点一般为墩身中心点，然后应用全站仪三维坐标法定位该测点，在施工期间持续地校正模板，将墩身控制在设计位置上。

总之，高墩是铁路桥梁工程建设中的重要结构，其施工质量会直接影响铁路桥梁运行的安全性。因此，为加强高墩施工质量控制，还应明确铁路桥梁项目中高墩施工技术要点，做好高墩模板组装、墩身混凝土浇筑、钢筋连接等环节的施工管理工作，借此提升高墩施工质量，建设质量高、稳固性强、安全性能明显的铁路桥梁高墩结构，满足新时期铁路交通事业发展中对桥梁工程的质量要求。

第三节　铁路桥梁大体积混凝土的温控技术

一、混凝土的热工参数

（一）热扩散系数

混凝土的热扩散系数（又称导温系数）是反映混凝土在单位时间内热量扩散的指标，表示材料中传热快慢的程度，系数越大表示物体内部温度扩散的能力越强。

（二）导热系数

导热系数反映材料传导热量的能力，是指在单位时间内，热流通过单位面积和单位厚度材料介质时，材料介质两侧为单位温差时热量的传导率。

（三）热膨胀系数

物体由于温度改变而产生热胀冷缩的现象，在一定的压强下，单位温度变化所引起的物体长度的变化值，即为热膨胀系数。混凝土的热体积变化可用热膨胀系数来表示。混凝土的体积膨胀系数约为线膨胀率的 3 倍。普通混凝土的热膨胀系数一般在 $(6\sim10)\times10^{-6}$。混凝土的热膨胀系数与其组成材料、孔隙率和含水量有关。

二、水化热温度场的基本原理

发生水化反应后，混凝土由于各种材料的传热特性和结构形式不同，在混凝土内部会呈现出不同的温度分布情况，这种不同的温度分布就形成了温度场。而整个水化热温度变化过程大致可分为三个阶段。第一阶段为有热源期，发生在浇筑后的早期。水泥水化热引起的混凝土温升与所使用的水泥有很大关系。水化热与硅酸三钙和铝酸三钙的含量密切相关，当这两种物质的含量较高时，水化热也会相应增加，特别是在早期阶段，水化热导致的混凝土绝热温升会随着混凝土结构的硬化而呈指数级增长，一般在 10～12 天达到最高温度。然而，由于混凝土能够通过表面自然散热，环境气流与混凝土表面之间会进行热交换，因此混凝土结构内部的高温峰值会比预期更早到来。一般来说，在施工后的 3～5 天，由于施工厚度、使用的水泥类型以及周围环境温度的变化，大体积混凝土的高温峰值也会有所变化。由于混凝土的体积增大，使用的水泥产生的能量也会增加，而且施工时的温度越高，混凝土带入的能量也会越多。由于周围环境温度升高，核心区的高温也会显著提升，最高可达 60～70 ℃。第二阶段为无热源期，水化反应已经基本结束，内部热量开始通过表面散发，内部开始降温，散热持续时间与混凝土结构有关，混凝土相对表面积越大，则散热越快，散热持续时间就越短。第三阶段为温度平稳期，此时散热全部结束，内部温度基本和表面温度保持一致，而表面温度则和环境温度有关。

当水泥进行水化反应时，它将释放出巨大的热量，从而导致混凝土的升温。此外，随着混凝土尺寸的增加，内部温度不易散发，使得其内部的温度不断上涨，最终可以达到 60～70 ℃，此时便会引起混凝土体积变化，即温度变形。由于内部和表面的温度差异较大，导致压应力和拉应力的作用，因而使得混凝土的表层出现了裂痕。此外，随着混凝土的冷却，混凝土的体积也会减小，进而使得外部约束产生的拉应力增大，导致出现裂痕。因此，控制大体积混凝土裂缝的关键在于控制水化热温度。在大体积混凝土施工前，需要对混凝土的抗裂性进行计算。当收缩应力低于混凝土的抗拉强度时，说明目前的技术手段已经有效；但当收缩应力超出了这个范围，且混凝土的抗拉强度仍然保持稳定时，则必须考虑更多的技术手段，如降低水化热、缩小内部与外部的温差来减小收缩应力，以确保收缩应力满足要求。

三、大体积混凝土的温度控制

（一）温度计监控点的布设要求

为了确保混凝土的质量，需要对温度进行一系列监测，包括：1~4天内，需要每隔2小时对其进行一次监控；4~14天内，需要每隔6小时对其监控一次。大体积混凝土结构内的温度监测设备布置应当精准，全面地反映混凝土结构内部最高温度、内外温差及环境温度。

（1）考虑到水化热温度场的分布规律，监控点测试区的布置范围按照混凝土承台平面对称轴线布置。

（2）测温点应上下左右对齐，在每条测试轴线上，温度监控点数量按不小于4处布置。

（3）在混凝土浇筑体的垂直方向上，在混凝土底部、中部及表面分别埋设测温元件，且测点之间的距离不得超过50 cm。

（4）结构表面、底部和中部温度测点的测温应与混凝土浇筑和养护工作同步进行。

（5）环境测温点设置2处，且与承台及其他热源保持一定距离。鉴于冬季的气候条件，为了确保安全，不仅必须确保环境温度及水温的稳定，而且必须严格检查冷却水的入水温度，以及其与出水的温差，以便调节冷却水的温度和流速，以防止由于温差变化而导致的混凝土结构的破坏，因此需要增加如下测点布置：①对冷却水管的进、出水温度进行监测；②对冷却水的通水流量进行监测。

（二）测点布置

测温元件的安装根据大体积混凝土施工标准，在承台平面对称轴的半条轴线上布置。沿混凝土浇筑厚度方向（竖向），距顶面、底面 50 cm 各布一层，中心位置布置一层。

四、大体积混凝土的温控应急机制

由于混凝土水化热温度一旦超过温控指标，就会对混凝土结构造成不可逆的危害，而采取应急措施存在一定的滞后性，如发现混凝土温度已接近报警值再采取控制措施，可能会很快超过控制值，无法起到警报作用。因此为确保大体积混凝土结构安全，项目部应建立温度监控预警机制，有利于分阶段监控温度。当监测值位于 0 和预警值之间时，"正常状态"将会被记录；当监测值位于预警值和报警值之间时，"预警状态"将会被记录；当监测值位于报警值和控制值之间时，"报警状态"将会被记录；当监测值位于控制值以外时，"超限状态"将会被记录。

当温度达到预警值时，监测单位应立即报告施工单位，预警、报警、超限状态下的监控信息的报送形式为工作联系单。施工单位应当承担起监测的主要职责，积极开展组织分析，及时采取有效措施阻止温度的进一步上升；同时，施工单位和监测单位要加强对预警区域的监控和检查，而监理单位则要密切关注并进行跟踪监督。

（1）如在浇筑过程中发现监控数据超标，在后续混凝土浇筑前必须对每辆罐车混凝土入模温度进行检测，分析是不是因为入模温度较高引起的，如温度过高，则及时通知拌和站对拌和用水进行降温，降低出机温度。为了最大限度地降低冷量损失，在混凝土输送过程中应当采取措施，如安装遮阳伞，以阻挡太阳的直射。

（2）减少混凝土的一次性浇筑厚度，调整混凝土的浇筑顺序，加快混凝土水化热通过表面散发的速度；混凝土摊铺厚度越小，热量散发得就越快，这样有利于降低承台混凝土的最高绝热温升。

（3）为了确保混凝土的质量，建议选择温度较低的天气来施工。同时，要注意不要让混凝土暴露于太阳下。施工完成后，立即保温保湿覆盖，确保混凝土维持良好的湿润状态。

（4）若天气骤然变化，如气温骤降或风速增大，应加强保温保湿覆盖。

（5）当达到报警值时，监测单位应立即报告施工单位、监理单位，由监理单位组织施工单位分析查找原因，及时采取措施，使各项监控值符合温控要求。

除采取以上预警值应急措施外，还应采取以下措施：

（1）对混凝土原材料如砂石料和拌和用水进行降温处理。

（2）可通过引入外部江水来降低冷却水的入水温度，同时注意水温不能过低。加大最高温度和内外温差的监测频次，10 分钟监测一次数据。

（3）在拆除模具的过程中，必须密切关注混凝土的内外温度，并确保其保持在 15 ℃以下。在混凝土内部温度下降以前，禁止拆除模板。在急剧变化的天气条件下，也禁止拆除。

（4）在监控数据超过预期范围后，监测单位应立即通知施工、监理、设计单位。由建设单位组织参建各方查找原因，研究制订方案，及时采取有效措施，及时对混凝土结构强度和外观质量进行检测和评估，如出现裂缝，应评估裂缝是否影响承台结构的安全。

混凝土最高温度和内外温差报警应急措施如下：

（1）在进水温度与混凝土表面温差符合要求的前提下，进一步降低冷却水进水温度。

（2）通过表面覆盖多层土工布和保护膜等方法，减少混凝土表面温度散发，提高混凝土表层保温温度。

第四节　铁路桥梁连续梁工程施工技术

一、连续梁的施工特征

随着我国铁路建设的持续发展，其规模越来越大，连续梁的施工跨度也越来越大。而在连续梁的施工中，施工跨度的增大不但使其本身质量得到改善，而且还有利于周边环境的保护。现场浇筑混凝土不仅会对工程质量造成负面影响，而且会给施工带来很大的困难，必须严格控制桥梁的沉陷。在工程施工中，应保证沉降差值的容许值不超过设计要求。这主要是因为整个桥梁的施工工艺中，最关键的问题是结构的静稳定。同时，在施工过程中，采用的各种参数都要符合外部静定结构的容许值，而且还应充分考虑到外加应力的特殊条件。另外，连续梁的轨道具有高平滑特性，因此必须严格控制桥梁的徐变上拱，使其徐变上拱能满足相关规范的规定。

二、连续梁工程施工工艺

（一）合龙段的施工工艺

采用高效的技术措施，能保证铁路建设的安全与质量。挂篮式悬臂施工技术是一种既能提高安全性又能保证工程质量的方法。合龙段的施工分两步进行：

第一步，两侧跨的首次合龙。这一步骤的目标是将双悬臂变成一个单悬臂。

第二步，重新进行两侧跨的合龙，其主要目标是让高铁连续梁可以承受全部的应力。此外，在合龙部分的施工过程中，要特别注意在底部模架的施工中采用挂篮的方法,而其侧面的模板也要采用挂篮侧模来进行相应的施工。将施工初期使用的两只挂篮改成一只挂篮,随后可将挂篮从一头到另一头进行安装。在全部工序完成后,合龙部分已基本完成。同时,在进行施工时,也要注意采用的方法,如在合龙部分采用封闭的方法,以增加局部温度。根据热胀冷缩的原理,局部温度的变化会对混凝土的施工造成一定的影响,所以在工程建设中,要把握好施工期间的温度变化,尤其是在某一段时期内,要做到最大限度地保持温度的波动范围不要太大。在施工前,为了保证混凝土的技术质量,应在适宜的季节进行。

(二)挂篮的施工工艺

1.挂篮的结构及型号选择

在铁路桥梁的建设中,对挂篮的选用要格外重视,挂篮的选取是其中一个很关键的环节。关键是有关人员要知道挂篮与横梁的承载能力,必须使二者协调一致。挂篮项目有很多种,其中最常用的有三种,分别是三角挂篮、菱形挂篮、斜拉挂篮。三种挂篮中,三角挂篮的稳定性最好,所以它在铁路建设中得到了广泛的应用。在选用挂篮时,首先要注意挂篮的设计,挂篮的设计与挂篮的作用有着密切的关系。所以,相关人员在确定了挂篮所需的功能后,才可进行选择,其内容主要是由挂篮的结构、挂篮的构成等方面来决定。比如模板、吊带、底篮、后锚、承重架等,都是按照承重结构来设计的。其次,还要进行相关的计算,这是对梁体承重结构的相关计算,它要求采用最规范的参数,并在工程中确定最大承重的位置,因此在工程中,交叉的设计也是一个很重要的方面。在整个设计完成后,尤其是在后期有关的设计工作结束后,必须留出钻孔的直径,以保证它在一定的范围内,这样就可以把预留的孔洞与锚固点连接起来。为了实现这一目标,一般都是采用工字形焊接工艺。

2.严密地控制桥梁的线形

梁体线形控制技术是目前铁路桥梁连续梁施工的关键技术之一。在铁路桥梁施工中,一般都是由施工单位委托监理单位来监督桥梁的安全性能及施工质量。施工单位首先应收集混凝土结构性能、时间特性等有关资料，并将其输入到工程控制软件中进行科学分析，以求出连续梁的各受力资料，并确定其变形参数的具体值。其次应根据有关资料，结合铁路桥梁连续梁的设计规范及设计图纸，进行相应的数据指标分析。最后应将所得到的具体资料运用于连续梁的施工方案中，从而得到有关的参考资料。

3.在梁的底板和顶板上预留孔洞

在梁端、顶板等部位预留孔洞位置时，也要考虑到相关的设计要求，如要事先做好比较准确的工作，对各资料进行综合分析。通过计算，可以预先决定孔洞的位置，防止某些连接结构损坏。此外，还应避免出现位移情况，也就是要避免梁端的底板、顶板与浇筑的混凝土之间的位移，从而减少施工中的质量问题。要做到这一点，必须保证钢管可以在钢筋上固定。在进行挂篮时，操作者还要保证预留的孔洞位置不会改变，并要注意锚固接头的安全。

4.在挂篮施工中排除障碍

为了保证挂篮在施工中能够安全运行，必须在施工过程中对周围的障碍物进行清理。此外，为了提高滑行的敏感度，可以在滑行过程中预先涂上一层润滑剂，以保证挂篮在施工过程中能够平稳滑行。

（三）预应力钢绞线施工工艺

铁路的建设往往面临着不同的地形条件，对工程的要求也各不相同，因此在铁路连续梁施工过程中，必须采用不同的技术手段，在不同的条件下进行施工。在此背景下，预应力钢丝绳的应用越来越广泛，其应用领域也越来越广。在铁路三跨连续梁中，预应力张拉力的布置要大于高速公路连续梁，而且预应力束的数目也要大，其主要目的是提高铁路桥梁的刚性，防止其在后期出现过度的偏移。因此，预应力钢束的张拉力会影响到结构的内力及变形。在施工中，由于预应力束布置形式、孔道摩阻与偏差系数、锚口损失、张拉设备精度、张拉作业人员水平等诸多因素对张拉力的影响较大，应对施工中影响张拉力的各种因素进行深入分析，以保证张拉误差在允许范围之内。

同时，在使用预应力的时候，要严格按照规范的施工工艺，保证钢索的质量符合工程建设的要求。按国家质量标准，钢丝绳的长度与孔的长度相等。钢束在使用前应采取严密的防护措施，以保证其质量，防止变形。张拉所用的拉紧器、油泵、锚具、夹具必须满足设计要求，并与之配套，且定期进行校核，以精确地校准张拉力与读数之间的关系。根据结构的要求，在两端进行对称张拉，在张拉时，千斤顶的作用线要与预应力轴相一致，张拉操作要符合规定。在张拉控制应力达到稳定状态后，预应力筋可以被锚固。预应力筋锚固后，其裸露部分不得少于 30 mm，采用分段混凝土防护，且在需要长时间暴露的情况下，应采用防腐蚀措施。通常在锚杆完成检查后，可以将端部多余的预应力筋切断，禁止使用电弧焊接，应使用砂轮机进行切割，采用灰泥密封。

（四）混凝土的施工工艺

1.连续梁桥支撑的施工工艺

在进行支架安装前，要事先对整个工程部位进行清理，以保证其平整和牢固。此外，还要对混凝土进行检测，以保证地基的稳定。在此基础上，应加强对管线的放置监管，并做好排水工作。在进行支架施工时，必须保证其稳定性，并保证各种构件的配合性，从而提高连接的强度。在不同的支座位置上，应根据实际情况选用最适合的支座。最后，要做好支架的预压工作，保证调试工作的顺利进行。施工前要做好预压力测试，对施工中出现的不合理部位要及时进行调整，以免影响施工，防止塌陷和变形。对支架进行预压的时间也应当加以调整，如果支架已达到满负荷状态，则不宜过长，应尽可能地将其维持在 1 天以内。同时，要及时测量各部位的变形，并按指定的顺序进行卸荷。

2.对混凝土材料含水量的严格控制

在进行相关的工程建设前，混凝土的选材要经过挑选，要从众多的原料中挑选出最适合的，如水泥、其他的添加剂等。除了要挑选最适合的原料，还要考虑到原料的比例，因为砂子中的含水率往往会随着位置的变动而发生变化，所以在配制时必须掌握含水率。

第三章 铁路桥梁工程施工技术应用

本章以新建郑州至济南铁路郑州至濮阳段站前（含部分站后）工程 ZPZQ-Ⅳ标段为例对铁路桥梁工程施工技术的应用进行论述。

第一节 工程设计及概况

一、新建郑州至济南铁路郑州至濮阳段站前（含部分站后）工程 ZPZQ-Ⅳ标段实施性施工组织设计

本标段为新建郑州至济南铁路郑州至濮阳段站前（含部分站后）工程施工总价承包 ZPZQ-Ⅳ标段，里程范围为 DK322+400—DK354+324.16，标段正线长度为 31.615 km。主要工程数量包括：双线路基 6 066.91 m、双线特大桥 25 548.09 m，其中支架简支箱梁 748 孔，支架现浇简支梁 1 孔，连续梁 11 联；改（扩）建新乡东车站 1 座，新建卫辉南车站 1 座；标段内 CRTSⅢ型板式无砟道床铺设。

二、设计概况

郑济铁路郑州至濮阳段由中铁工程设计咨询集团有限公司负责设计。

2016年8月31日,中国铁路总公司、河南省人民政府(铁总计统函〔2016〕677号)文件完成对《新建郑州至济南铁路郑州至濮阳段可行性研究报告》的批复。

2016年9月14日,中国铁路总公司、河南省人民政府(铁总鉴函〔2016〕722号)文件完成对《新建郑州至济南铁路郑州至濮阳段初步设计》的批复。

中国铁路总公司、河南省人民政府批准新建郑州至济南铁路郑州至濮阳段建设双线350 km/h的高速铁路197.272 km,施工总工期48个月。

三、工程概况

(一)线路概况

本标段线路位于新乡市东部、卫辉市南部,线路基本走行于京广高速铁路和G4京港澳高速公路之间,新乡东站至标段终点段线路与京广高速铁路并行。标段起点位于卫辉南站(卫辉市段庄村南),先后跨越县道X012、京港澳高速公路G4、城市道路、省道S227、长济高速S28后进入既有新乡东站,在京广场左侧设置郑济场,出站后跨越省道S310、东孟姜女河、省道S311、东三干渠、新菏铁路、既有公路等,止于标段终点(北于店村东南)。

(二)主要技术标准

1.正线主要技术标准

(1)铁路等级:高速铁路。

(2)正线数目:双线。

（3）正线线间距：5 m。

（4）设计行车速度：350 km/h。

（5）最小曲线半径：7 000 m，困难 5 500 m。

（6）最大坡度：20‰，局部困难地段不大于 30‰。

（7）到发线有效长度：650 m。

（8）调度指挥方式：调度集中。

（9）列车运行控制方式：自动控制。

（10）最小行车间隔：3 min。

2.相关工程主要技术标准

（1）铁路等级：客运专线。

（2）正线数目：单线。

（3）设计行车速度：郑州枢纽郑济与京广上行联络线设计速度 120 km/h，下行联络线设计速度 160 km/h。

（4）最小曲线半径：郑州枢纽郑济与京广上行联络线 800 m，下行联络线 1 400 m。

（5）最大坡度：20‰，局部困难地段不大于 30‰。

（6）到发线有效长度：650 m。

（7）调度指挥方式：综合调度集中。

（8）列车运行控制方式：自动控制。

3.征地拆迁数量、类别、特殊拆迁项目情况

本标段需拆迁民房 341 栋，大棚 24 座，重大拆迁建筑物、构造物 34 座，改移道路 9 处，共改移 1 744 m；低电压线路 134 处，变电站 1 处，110 kV 单回架空线路 4 处，110 kV 四回架空线路 3 处，220 kV 双回架空线路 2 处，220 kV 四回架空线路 3 处；架设架空光缆 368 处，架空电缆 24 处，军用光缆 3 处，国防光缆 2 处，输油管线 3 处。

（三）工程特点

1.总体工程特点

（1）设计标准高、施工难度大。设计行车速度 350 km/h，工程采用了高标准的基础沉降控制设计和严格的路基填筑、桥梁沉落变形和梁体徐变控制标准，确保线路满足高速运行需要的高平顺性要求。

（2）工程任务重、工期紧。工程建设规模大，工期短、任务重，对施工协调、质量控制、安全保证、施工组织、调度指挥和现场控制的有效性要求高。

（3）建设规模大，桥梁比例大。本标段线路全长 31.615 km，其中特大桥 2 座，合计长度 25.548 km，占线路长度的 80.81%。

（4）临近营业线施工。新乡东站新增站台线与营业线间距小，为保证营业线通车安全，防护要求高；申请天窗时间具有不确定性，施工时间紧张，施工难度大。

（5）各专业接口多，组织协调复杂本项目集路基、桥涵、制架梁、无砟道床、通信信号、电力、房屋及部分站后相关工程于一体，各专业接口工程方案的选定和方案的实施将是整体工程施工组织的重点，必须高度重视。

（6）环保、水保任务重大。工程地处平原，线路所经城镇、村庄、河道、既有道路众多，施工对生态的破坏、水土流失难以控制；噪声、扬尘、泥渣、垃圾等对环境污染的处理要求高。施工中应注意取弃土（渣）场的选址，对施工废水进行处理并达标排放；不在敏感区域内及附近设置取弃土（渣）场、施工便道、施工机械冲洗维修站点等临时设施。工程土地节约、水土保持、环境保护、工程绿化和交通疏解的要求高，减少农业土地永久占用和临时用地复耕任务重。

2.专项工程特点

（1）路基工程

①软土路基线路占比重大，软土地基处理工程量大。软土路基工后沉降控制难度大。

②地处黄河冲积平原区，地形平坦、开阔，路基地段基本为填方，填料需求量大，路基借方量大，运距远，土石方调配难度大。

③与站后工程接口多。路基工程与综合接地、电缆沟槽、管线过轨、接触网支柱基础等站后工程的接口复杂，须科学组织、协调施工。

（2）桥涵工程

①本标段桥梁所占比重大，其中正线桥梁所占比重为 80.81％。桥梁大跨度连续梁悬灌施工技术复杂，箱梁预制架设任务繁重，安全风险源多，安全、质量风险大。

②桥梁安排施工单元多，上场施工机械设备多，建设中协调进度、控制质量、保证安全的任务重，对施工组织、调度指挥和现场控制的有效性要求高。

③桥梁多次跨越等级公路、铁路、干渠等，安全防护级别高，对桥梁的安全施工提出了更高要求。

（3）无砟轨道工程

①无砟轨道的高低调整能力有限，对线下基础的变形要求高。

②无砟轨道施工精度要求高，施工工序的限制条件严格，施工各工序之间、各专业施工之间衔接十分紧凑。

③高平顺性的轨道取决于桥梁、路基等工程的高质量、高稳定性的实现。

④各项基础设施的施工既相互独立、自成体系，又相互制约，形成一个有机整体。

3.控制工程和重难点工程

工程重难点分析如下：

①线路等级为客运专线，设置速度目标值为 350 km/h，施工质量须严格按客运专线铁路标准规范的有关要求执行。对结构物的耐久性、路基的沉降控制要求严格。

②大跨连续梁施工。卫辉特大桥在 DK325＋996 处跨越 X012 县道，采用 1-（40＋56＋40）m 预应力混凝土连续梁；在 DK327＋881 处第一次跨越京港澳高速公路 G4，采用 1-（65＋112＋65）m 预应力混凝土连续梁；在 DK331＋

469处跨越城市道路，采用1-（32+48+32）m预应力混凝土连续梁；在DK331+869处跨越省道S227，采用1-（40+56+40）m预应力混凝土连续梁；在DK337+135处跨越长济高速S28，采用1-（40+64+40）m预应力混凝土337连续梁。新乡特大桥在DK343+150处跨越S310[原省道S308（金穗大道）]，采用1-（50+85+85+50）m预应力混凝土连续梁；在DK346+280处跨越东孟姜女河，采用1-（32+48+32）m预应力混凝土连续梁；在DK347+515处跨越S311[原省道S227（新延路）]，采用1-（32+45+45+32）m预应力混凝土连续梁；在DK349+906处跨越东三干渠，采用1-（32+48+32）m预应力混凝土连续梁；在DK351+430处跨越新荷铁路，采用1-（32+48+32）m预应力混凝土连续梁；在DK352+441处跨越规划城市道路，采用1-（32+48+32）m预应力混凝土连续梁。连续梁采用挂篮悬臂法施工，施工过程要切实做好安全防护，确保施工过程中桥下道路正常通行。因跨度大，完成需经历一个较长的浇筑、合龙、体系转换的过程。在施工过程中要做好悬臂浇筑的安全防护措施和线形监控，加强对现有公路的防护，避免破坏，同时施工过程中要做好车流导行，保证行车畅通和安全。施工不受干扰是连续梁施工的难点。

③箱梁预制、架设施工。本标段制架梁工程量较大。其中，预制架设32 m双线箱梁672孔，24 m双线箱梁71孔，20 m双线箱梁5孔，需要投入大量箱梁预制、运输及架设设备，风险源多，安全、质量风险大，施工组织难度大。

④无砟道床施工精度、平顺性、耐久性要求高，而混凝土的工作性能受原材料、环境变化影响大，且施工中振捣及养护工艺等对混凝土耐久性的影响均较大。

⑤新乡东站增建车站中心里程为DK340+536，站房位于线路右侧，为既有车站增线，既有新乡东站为京广高铁中间站，车站设到发线7条（含正线2条），有效长度650 m。设450.0 m×15.0 m×1.25 m的基本站台1座，450.0 m×12.0 m×1.25 m的中间站台2座，8.0 m宽的旅客地道2座。本次增设到发线8条（含正线2条），旅客站台3座，地道2座。重难点为：新增站台线与营业线间距小，为保证营业线通车安全，防护要求高；申请天窗时间具

有不确定性，施工时间紧张，施工难度大。

⑥各专业接口多，组织协调复杂。本项目集路基、桥涵、支架梁、无砟道床、通信信号、电力、房屋及部分站后相关工程于一体，各专业接口工程方案的选定和实施将是整体工程施工组织的重点，必须高度重视。路基、桥梁、站场、无砟轨道等工程与综合接地、电缆沟槽、管线过轨、接触网支柱基础等站后工程的接口复杂，须科学组织、协调施工。

（四）建设项目所在地区自然地理特征

1.地形地貌

本标段东起河南省卫辉市南（DK322+400），终至新乡市东部（DK354+324.16）。沿线属黄河冲积平原区，地形平坦开阔，地表主要为耕地。沿线城市、村镇、居民点密布，新乡东站至标段终点段线路与京广高速铁路并行。

2.气象条件

本项目地处中纬度区，属暖温带亚湿润季风大陆性气候区，四季分明，冷热季和干湿季区别明显。气象特征表现为降水量少，蒸发量大，空气干燥，春秋季节多风，夏季短促而炎热，冬季漫长且严寒。沿线地区年平均降水量510.8~614.8 mm，年平均气温9.2~20.8 ℃，最大冻结深度11~26 cm。

3.地震参数

钻孔桩施工时，对沉淀池中沉渣及浇筑混凝土时溢出的废弃泥浆随时清理，严防泥浆溢流，并用汽车弃运至指定地点倾泻，防止钻孔泥浆对周围环境造成污染。

4.通信联络

施工临时通信采用无线通信方式或就近接地方通信系统的方式解决。建立项目经理部信息管理系统并覆盖各施工队，自成网络后通过互联网与发包人系统相连。

第二节 控制工程和重难点工程施工方案

一、卫辉特大桥工程施工方案

(一) 工程概况

卫辉特大桥全长 13 403.23 m，共计 408 个圆端实体墩，2 个矩形空心桥台，5 联连续梁。标准简支箱梁采用梁场集中预制，架桥机架设；非标准简支箱梁采用支架现浇施工；连续梁采用挂篮悬臂灌注施工，其中跨路连续梁的挂篮悬臂施工是本桥的重点、难点。

1. 工程地质

桥址区地层根据成因及时代分类主要有：第四系全新统人工堆积层（Q4ml）填筑土，第四系全新统冲积层（Q4al）、第四系更新统冲积层（Q3al）粉土、粉细砂、粉质黏土，上第三系鹤壁组（N2h）砂岩、泥岩。

2. 水文地质

本桥地下水主要为第四系地层孔隙潜水，表层地下水主要受地表径流及灌溉回灌补给，其次受大气降水补给，以地下水侧向径流及蒸发为主要排泄方式。6~9 月份水位较高，其他月份水位相对较低，其水位年变幅一般为 1~2 m。承压水埋深 50~100 m，主要接受地下水侧向径流补给，以地下水侧向径流及人工抽取为排泄方式。天然动态类型属渗入-径流型，其水位年动态变化规律一般为：11 月份至来年 3 月份水位较高，其他月份水位相对较低，其水位年变化幅度一般为 2~3 m。

3. 地震资料

桥址区地震动峰值加速度为 0.2g，特征周期为 0.55 s。

4. 立交、河道情况

本标段所负责的卫辉特大桥采用 1-（40＋56＋40）m 连续梁跨 X012 县道，1-（65＋112＋65）m 连续梁跨京港澳高速，1-（32＋48＋32）m 连续梁跨村道，1-（40＋56＋40）m 连续梁跨越 S227 省道，1-（40＋64＋40）m 连续梁跨越长济高速。

（二）施工组织及措施

（1）墩台采用就地浇注法施工，桩基础采用钻孔灌注桩，简支箱梁采用预制架设。

（2）混凝土连续梁采用悬臂浇注施工，为不影响主要省道及部分干道通车，施工时应搭设防护支架，做好安全防护工作。

（3）在普通乡村道路边的基础施工，可以采用打拔钢板桩以防护既有道路，在跨越京港澳高速和长济高速的基础施工时，应与相关交通管理部门做好协商工作，选择合理的边坡防护措施，采用钢板桩沿道路边坡两侧进行防护。

（三）施工方法

桥梁基础施工主要采用旋挖钻及回旋钻机成孔；承台基坑根据地形和地质条件采取放坡开挖；墩、台身可采用常规模筑法施工。简支箱梁以整孔预制架设施工为主，非标准梁型采取支架法现浇；连续梁采用悬臂浇注法施工。

1. 下部结构施工

本桥下部结构为桩基础、圆端形实体墩、双线矩形空心桥台。基础均采用钻孔桩基础，桩径为 ϕ1.0 m、ϕ1.25 m、ϕ1.5 m、ϕ1.8 m。根据现场实际情况及图纸要求，在高速公路两侧施工之前，在既有道路旁顺线路方向打设拉森Ⅲ型钢板桩进行路基加固，施工完成后方可拔出。钢板桩采用振动锤打设。打设钢板桩时,钢板桩三个方向利用绳子固定垂直方向,保证钢板桩的垂直度,施工的操作范围不得侵入行车限界。

2.悬臂浇筑施工方法及工艺

(1)工程概况。卫辉特大桥有连续梁5联,2-(40+56+40)m、1-(65+112+65)m、1-(32+48+32)m、1-(40+64+40)m连续梁,采用挂篮悬臂浇筑。

(2)施工工艺。在连续梁主墩施工完成后,在墩上安装托架进行0#块施工,0#块施工完成后,在0#块上安装挂篮进行节段施工,之后进行边跨直线段施工,边跨直线段提前主跨节段1个节段施工完成,中、边跨合龙,最后进行体系转换。

3.支架现浇梁施工

(1)工程概况。本标段所负责的卫辉特大桥 361#墩～362#墩为一孔27.6 m非标准简支箱梁,采用支架现浇进行施工。

(2)施工方法。本工程现浇连续梁采用满堂支架现浇法施工。

①地基平整、加固。支架搭设前需对地基进行加固处理。清除表层松软土,分层换填石灰土或级配碎石,用振动压路机反复压实,处理后的地基经检测合格后浇筑15 cm厚混凝土垫层,并设置好排水系统。

②支架搭设。支架搭设要严格按照设计验算后的方案进行,不得随意更改脚手架搭设方案。根据支架设计图进行放样,测出支架立柱位置,按照技术规范要求进行支架施工。

③支架的预压。为了消除地基和支架系统非弹性形变和检查其弹性变形值,为模板系统设置预留值提供依据,保证现浇梁的标高及线形准确,在支架搭设完成后对支架进行预压。荷载可用土袋或沙袋分层码放。支架预压可按支架所承受的最大施工荷载的60%、100%、110%分级进行,预压荷载分布应与支架施工荷载分布基本一致,加载重量偏差应控制在同级荷载的±5%以内。在支架加载前精确测出各部位的初始值,每级加载完成1 h后进行支架变形观测,以后间隔6 h监测记录各监测点的位移量,当相邻两次监测位移平均值之

差不大于 2 mm 时，方可进行后续加载。全部预压荷载施加完成后，应间隔 6 h 监测记录各监测点的位移量，当连续 12 h 监测位移平均值之差不大于 2 mm 时，方可卸除预压荷载。卸载 6 h 后，应监测记录各监测点位移量。

④模板安装。

a.底模铺设：按设计值预设反拱值，并根据沉降张拉上拱度及时调整反拱值。底模下设横向立杆，用于加固侧模，底面采用竹胶板，竹胶板分块拼装，与分布型钢、方木固定。

b.侧模安装：由人工配合汽车吊吊装，各节之间用螺栓连接，侧模与底模之间加垫海绵条，各块侧模之间用胶带密封。外模可以通过法兰螺栓将角钢肋与支架拉紧固定，下部设限位块固定，防止侧模外移，两侧外模还可以通过腹板的排气孔设通长拉筋加固。

c.内模安装：内模安装需在底板、腹板、横隔板钢筋绑扎完成后由人工安装。

⑤安装钢筋及波纹管。

a.钢筋安装：模板安装并加固完毕后即绑扎钢筋，测量定位轴线和高程，挂线绑扎，保证钢筋位置准确，绑扎牢固、稳定，并准确设置接地钢筋、防护墙钢筋、接触网支座和泄水孔管等各种预埋件。

b.预应力波纹管安装：钢筋施工前提前在模板上放设出预应力波纹管的位置，绑扎钢筋时遇到此处提前进行适当移动，保证波纹管位置准确。波纹管安装严格按照设计图纸提前计算出平面坐标及竖向高程，采用全站仪放设出准确位置，波纹管固定要牢固。

⑥混凝土浇筑。混凝土浇筑一次成型。混凝土在拌和站集中拌和，由混凝土运输车运送，输送泵泵送浇筑。采用分层水平、斜向分段、从低端向高端连续浇筑的浇注工艺。混凝土振捣采用插入式振捣器和附着式振捣器相结合。腹板施工时以插入式振捣器为主、附着式振捣器配合，顶、底板施工时以插入式振捣器为主。

⑦混凝土拆模。当混凝土强度达到 60% 及以上时，方可拆除内模和外模。折模时混凝土芯部与表层、箱内、箱外表层温层与环境温度均不大于 15 ℃，

并保证梁体棱角完整。在梁体张拉完成后，压浆强度达到设计强度，方可拆除支架和底模。

a.预应力施工。预应力筋穿束前用通孔器疏通预应力管道，预应力筋采用人工穿束。穿束后检查预应力筋外露情况，保证两端外露长度基本相同，满足张拉要求，然后安装锚具、千斤顶。在混凝土强度达到设计强度的95%，弹性模量达到设计强度的100%时，且龄期满足设计要求后，方可进行张拉。张拉控制采取应力和应变双指标控制。

b.压浆。张拉结束24 h内完成管道压浆。管道压浆采用真空辅助压浆工艺，同一管道内压浆应连续进行，一次完成。

c.封端。封端前对锚穴混凝土进行凿毛处理，并对锚具、锚垫板表面及外露钢绞线用聚氨酯防水涂料进行涂刷，在锚穴内设置钢筋网，并通过在锚垫板安装孔中拧入特制螺栓相接的方式使其与梁体连接。封端混凝土养生完成后，还要对封端处新拌混凝土接茬面进行涂刷聚氨酯防水处理。

二、新乡特大桥工程施工方案

（一）工程概况

新乡特大桥全长12 144.86 m，共计375个圆端实体墩，1个矩形空心桥台，6联连续梁。标准简支箱梁采用梁场集中预制，架桥机架设；连续梁采用挂篮悬臂灌注施工，其中跨路连续梁的挂篮悬臂施工是本桥的重点、难点。

1.工程地质

沿线第四系地层分布范围广、厚度巨大。表层为第四系全新统冲积层（Q_4al）粉土、粉质黏土、粉细砂及中、粗砂层，呈互层或透镜体状，局部夹有淤泥质粉质黏土，该层总厚一般10~100 m；其下主要为第四系更新统冲积层（Q_3al）黏土、粉质黏土、粉土、粉细砂，含不规则钙质结核和铁锰结核、姜石，厚度大于30 m。下伏基岩为上第三系鹤壁组（N2h）泥质砂岩、砂质泥岩、泥灰岩等。

 2.水文地质

 本区域线路主要沿黄河北岸穿过黄河流域，属黄河平原区，主要河流自西向东流经本区，汇入黄河；黄河淤灌区排涝及灌溉渠网纵横，平时无水或少水，汛期排洪；沿线局部分布有鱼塘等。沿线地下水主要为第四系孔隙潜水及深层承压水。第四系孔隙潜水主要赋存于平原区、河流的河谷漫滩、一级阶地内，多蕴藏于透水性好的粉砂、细砂、中砂等砂层中，孔隙承压水主要蕴藏于深度较大的下伏细砂、中砂层中，浅层水水位5～25 m，一般水质较好。孔隙潜水主要接受大气降水入渗、地下水侧向径流等方式补给，以地下水侧向径流及蒸发为主要排泄方式。天然动态类型属渗入-径流、蒸发型，其水位年动态变化规律一般为：6～9月份水位较高，其他月份水位相对较低。承压水主要接受地下水侧向径流补给，以地下水侧向径流及人工抽取为主要排泄方式。天然动态类型属渗入-径流型，其水位年动态变化规律一般为：11月份至来年3月份水位较高，其他月份水位相对较低，其水位年变化幅度一般为2.0～5.8 m，埋深50～100 m。

 3.地震资料

 桥址区地震动峰值加速度为0.2g，特征周期为0.55 s。

 4.立交、河道情况

 本标段所负责的新乡特大桥采用1-（50＋85＋85＋50）m连续梁跨S310（原省道308），1-（32＋48＋32）m连续梁跨东孟姜女河，1-（32＋45＋45＋32）m连续梁跨S311（原省道S227），1-（32＋48＋32）m连续梁跨越东三干渠，1-（32＋48＋32）m连续梁跨越新荷铁路，1-（32＋48＋32）m连续梁跨越规划城市道路。

（二）施工方法

桥梁基础施工主要采用旋挖钻及回旋钻机成孔；承台基坑根据地形和地质条件采取放坡开挖；墩、台身可采用常规模筑法施工。简支箱梁以整孔预制架设施工为主，连续梁采用悬臂浇筑法施工。

1.下部结构施工

本桥下部结构为桩基础、圆端形实体墩，双线矩形空心桥台。基础均采用钻孔桩基础，桩径为$\phi 1.0$ m、$\phi 1.25$ m、$\phi 1.5$ m。根据现场实际情况及图纸要求，在高速公路两侧施工之前，在既有道路旁顺线路方向打设拉森Ⅲ型钢板桩进行路基加固，施工完成后方可拔出。钢板桩的打设采用振动锤打设。打设钢板桩时，钢板桩三个方向利用绳子固定垂直方向，保证钢板桩的垂直度，施工的操作范围不得侵入行车限界。

2.悬臂浇筑施工方法及工艺

（1）工程概况。新乡特大桥有连续梁6联，1-（50+85+85+50）m、4-（32+48+32）m、1-（32+45+45+30）m连续梁，采用挂篮悬臂浇筑。

（2）施工工艺。在连续梁主墩施工完成后，在墩上安装托架进行0#块施工，0#块施工完成后，在0#块上安装挂篮进行节段施工，之后进行边跨直线段施工，边跨直线段提前主跨节段1个节段施工完成，中、边跨合龙，最后进行体系转换。

三、支架梁工程施工方案

（一）箱梁预制施工方案

1.工程概况

本标段共设1个双线简支箱梁预制场，即新乡梁场。新乡梁场设在线路DK334+165右侧，负责DK322+400～DK354+324.16范围内卫辉特大桥、新乡特大桥共 748 孔箱梁制架任务（双线 32 m 箱梁 672 孔、双线 24 m 箱梁 71 孔、双线 20 m 箱梁 5 孔）。箱梁采用通桥（2016）2322A 预制生产。双线整孔简支箱梁均采用高性能混凝土，混凝土强度设计为 C50，预应力筋采用高强度低松弛钢绞线，锚固采用自锚式体系，管道形成采用金属波纹管成孔。

2.施工组织布置

箱梁预制按照现场工厂化集中生产、流水线施工、标准化作业。制梁台座采用钻孔桩＋承台方案，上铺整体式钢底模，外模采用整体式钢模，内模采用液压自动式钢模，端模采用二截式钢模。钢筋骨架在专用绑扎胎具台上绑扎，钢筋整体绑扎成型后，利用 2 台 50 t 龙门吊将钢筋骨架吊入，再依次安装端模、内模。混凝土采用集中拌制、混凝土罐车运输、泵车泵送入模，按"腹板下部→底板→腹板剩余部分→顶板"顺序，分层、连续浇筑成型，插入式和附着式振捣器振捣。箱梁预应力钢绞线用砂轮切割机下料，人工配合卷扬机穿束。预施应力按"预张拉→初张拉→终张拉"三阶段进行控制，预张拉和初张拉均在制梁台座上进行，终张拉在存梁台座上进行。混凝土强度达到设计值的 60% 时，进行带模预张拉；混凝土强度达到设计值的 80% 后，进行初张拉。张拉时按照设计张拉顺序，两端两侧同时对称张拉。初张拉结束后，箱梁用 1 台 900T 轮胎式移梁机将箱梁吊移至存梁区分类按序存放，当梁体混凝土强度及弹性模量达到设计值的 100% 且混凝土龄期大于 10 d 以后，进行终张拉，并在终张拉后 48 h 内完成管道压浆工作。制梁顺序按箱梁架设顺序进行安排，做到边制边架，先制的先架，减少存梁。

3.资源配置

（1）设备配置。遵循"先进、适用、配套、满足要求"的原则，通过合理的组合，力争最大限度地提高工效，加快进度，确保质量与安全。除主要施工设备外，同时还配置了相应充足的工程测量、材料试验及质量检测仪器。

（2）劳动力配置。新乡梁场设置专业制梁队伍，包括钢筋工班、模板工班、浇筑工班、预应力工班、配属工班、架梁工班等 6 个专业工班。

4.施工进度计划

根据本标段箱梁架设要求，箱梁预制按架梁顺序安排。

5.梁场平面布置

根据施工工艺流程和工艺特点将生产区设计成既相互独立又沿道路相互联系的九大区域：①箱梁预制区；②箱梁存放区；③混凝土拌和区；④生活办公区；⑤钢筋存放、加工区；⑥运梁车装梁区；⑦库房、机加工车间区；⑧配电室、发电室、锅炉房；⑨试验室区。

6.梁场设计

制梁场按统一标准化设计，箱梁预制区与存放区标准化，办公生活区及其他辅助设施根据实际地形适当调整。

（1）梁场基础设计

a.设计原则：基础设计时必须控制沉降量，地基最终沉降量不超过 10 mm，不均匀沉降小于 2 mm；台座有足够的强度和刚度；在保证前两条的基础上，兼顾经济原则。

b.设计要点：基础设计分为龙门吊轨道基础设计、制梁台座基础设计、存梁台座基础设计、提梁道基础设计及运梁便道基础设计。制梁台座沉降量的控制是保证箱梁质量的关键，因此台座采用钻孔桩基础加混凝土承梁台方案，以确保箱梁初张拉后重量集中在端部时的不均匀沉降满足规范要求；存梁台座采用钻孔桩基础加承台设计方案；龙门吊轨道基础采用基础换填碎石加钢筋混凝土条形基础设计方案；提梁道基础根据搬运机构造尺寸，其中纵移区路面宽度设为 30 m，横移区路面宽度设为 6 m。行走道路采用 C30 混凝土路面处理，具体处理为开挖至设计底面标高，填筑 90 cm 碎石层，冲击碾压后再浇筑 20 cm 厚混凝土面层；在需要搬梁转向区域，填筑 180 cm 碎石层，冲击碾压后再浇筑 20 cm 厚混凝土面层；运梁便道基础底部采用 50 cm 碎石层压实，表层采用 30 cm 厚级配碎石掺水泥板结。梁场其他区域采用混凝土硬化处理措施。

（2）梁场用电用水设计

a.施工用电：新乡梁场施工用电由地方供电干线 T 接架空线至制梁场，梁场配备发电机组（当停电时，发电机组自动启动，并网发电），保证供电干线停电时施工正常进行。梁场施工现场设置 2 台 630 kVA 变压器、发电机房、配电室。为保证用电安全，避免和其他设施发生干扰，场内低压线路采用三相五线制和电缆沟埋地敷设。电力设施、设备采取接地和接零保护，用电设备合理选择漏电保护器，一机一闸。

b.施工用水：通过估算，混凝土拌和、蒸汽养生、自然养护、生活用水等用水量最大为 400 t/d，为保证正常施工生产、生活供水，制梁场采用在场区内设置 1 处深井泵抽取地下水供水，为保证供水的连续性和流量充足，设置 1 个容积为 500 m³ 的蓄水池（长 10 m、宽 10 m、深 5 m）和 1 个容积为 72 m³ 的蓄水池（长 6 m、宽 4 m、深 3 m），制梁场设主供水管道 5 条，主管道采用直径 200 mm 的管道，支管道采用 100 mm 和 80 mm 等的管道，分别为办公生活区、箱梁预制区、混凝土拌和区、锅炉房、箱梁存放区等供水管道，其他供水采用预留供水管阀。

（3）梁场排水设计。施工过程中产生的污水及自然降水通过场内排水沟集中排放到污水处理池内，处理池采用砖砌结构并设置防渗措施，经过沉淀后的水回收，用于清洗设备，严禁随意排放，避免环境污染；厂区内排水沟沿场区纵向布置，场区横向设置 1% 坡度保证雨水和污水流入主排水沟；排水沟采用砖混矩形沟，上置 C15 混凝土盖板。

（4）拌和站设计。制梁场混凝土生产采用拌和站集中生产供应，混凝土运输车运至台座处的混凝土输送泵，泵送入模。根据箱梁浇筑不超过 6 h 的规范要求，制梁场设置 2×180 m³/h 混凝土拌和站 1 座，保证混凝土生产能力满足制梁要求。砂石料场采取拱形棚架结构，隔离堆放，全部予以围护，避免阳光直射和雨雪污染；另设袋装水泥和灌浆剂库，以满足梁体压浆用料需要。为严格控制混凝土的拌和温度，在拌和站附近专门设立水温控制装置，对搅拌用水实现夏制冷冬加热。

（5）蒸汽养护设计。新乡梁场采用 2 台 4 t/h 的蒸汽锅炉，锅炉额定压强 1.2 MPa。蒸汽主管道采用 DN125 mm 钢管，分支放汽管道采用 DN80 mm 钢管，在放汽管道上均匀钻一排 ϕ3 mm 孔眼，孔距 300 mm，并在其凝结阀处设置排水沟。采用钢管焊接支架，上覆盖蒸汽养护棚罩，尽量减少热损失，保证蒸汽养护的温度。

（二）箱梁运架施工方案

1. 工程概况

新乡梁场采用跨墩提梁上桥架梁方案，每个制梁场拟投入1辆900T运梁车、1台900T架桥机、1台900T轮胎式移梁机、2台450T跨墩龙门吊，进行箱梁的场内移运、装车、运架。梁场内轮胎式移梁机从存梁台座处提取成品梁放到周转台座上，由跨墩龙门吊将梁吊装在运梁车上，再由运梁车运至架桥机处架设。

2. 施工组织部署

本标段拟投入1套900T运架设备进行箱梁运架。新乡梁场采用1套900T架桥设备先从梁场向小里程方向架梁（DK334+750—DK322+400），架桥机调头，架桥设备从梁场向大里程方向架梁（DK334+750—DK354+324）。

3. 资源配置

新乡梁场箱梁架设队设1个架梁工班。工班设工班长、技术负责人各1人，工班定员80人，负责本标段大小里程全部箱梁的运、架任务。

4. 施工顺序及进度计划

根据招标文件要求及总体工期计划安排，本标段箱梁预制场拟计划于2018年4月1日开始架梁。堤全断面的压实度一致和路堤断面成型尺寸。路基附属工程施工应不扰动路基结构，为了达到此目的，电缆槽开挖采用专用工具进行切割。为避免电缆槽、综合接地、接触网、声屏障等设施的修建而损坏或危及路基的稳固与安全，尽量采取与路基同步施工的措施。采用先进的架桥机，自动控制架桥机行走方向，确保架桥机在规定的范围内不偏离路基中线行驶；避免造成对路堤边坡防护及路基偏压等的影响。

四、桥涵工程

（一）工程概况

本标段桥涵工程主要为卫辉特大桥 13 403.23 m（DK325+297.5—DK338+700.73），新乡特大桥济南桥台至 378#桥墩共 12 144.86 m（DK342+179.3—DK354+324.16）。框架式中桥 2 984.88 顶平米/2 座，框架小桥 2 647.58 顶平米/10 座，框架涵 576.81 横延米/10 座，逃生救援通道 8 处。卫辉特大桥简支箱梁 393 孔，现浇预应力混凝土简支箱梁 1 孔，连续梁 5 联；新乡特大桥简支箱梁 355 孔，连续梁 6 联。桥梁上部结构主要以 24 m、32 m 双线简支箱梁为常用跨度主导梁型，采用 20 m、27 m 简支箱梁进行调跨。标准简支箱梁主要采用梁场集中预制，运梁车运输，大吨位架桥机架设的施工方法。非标简支梁采用支架法现浇施工。本标段区间桥梁为跨越既有公路、规划路等设计有连续梁共计 11 联，连续梁采用挂篮悬臂浇筑法施工；桥梁下部结构墩台采用圆端形实体桥墩、双线矩形空心桥台；桥梁基础采用钻孔桩基础，桩径采用 $\phi1.0$ m、$\phi1.25$ m、$\phi1.5$ m、$\phi1.8$ m。

（二）施工安排原则

桥涵工程施工结合桥涵所在位置两端路基填高、构造物设置情况，以满足架梁、大跨度特殊结构桥梁的施工为主线，本着均衡连续的原则合理安排桥梁下部工程施工。小桥涵尽早安排施工，为路基连续填筑创造条件；对跨河、沟渠及雨季有影响的基础、承台尽量避开雨季施工；跨越省道、县道等桥梁及连续梁优先组织施工；对控制工期的长桥，下部工程采取分段平行施工、多开工作面的方法，长桥短修，以保证全桥工期。根据地质情况和设计要求选择合适的施工机具并组织好机具的调用工作，避免重复进场；作业周期较易控制的一般结构桥梁基础和墩身工程，可根据各施工区段内桥梁设置实际情况和工期要求，采用多作业面平行流水方式组织基础、承台和墩身的施工。桥面系按架梁区段分单元施工。由于运架梁作业空间的制约，在保证架梁工效的情况下，桥面系宜利用运架梁间隙，紧跟架梁进行流水作业。

第三节　桥梁工程下部结构施工工艺

一、钻孔桩

本工程桩基主要采用 $\phi1.0$ m、$\phi1.25$ m、$\phi1.5$ m、$\phi1.8$ m 四种桩径的钻孔桩，根据桩基分布、现场地质条件、设计桩径、桩长等情况进行钻机选型。本工程主要拟采用回旋及旋挖钻成孔。钢筋笼在钢筋场集中分节制作，现场吊装接长。混凝土由拌和站集中生产、混凝土运输车运输、导管法灌注水下混凝土。

（一）施工准备

人工配合机械平整出钻孔平台，陡坡上的桩基础选择适宜标高平整场地。根据设计图纸的测量坐标及现场三角控制网，用全站仪定出孔位中心桩，测放出孔位桩及护桩，经复核无误及监理工程师认可后，用表格形式交钻桩班组，保护现场桩位。就地安排泥浆池、沉淀池，沉淀池的容积应满足两个孔以上排渣量的需要，水中泥浆池、沉淀池的设置利用钢护筒。

（二）护筒制作及埋设

护筒采用 $\delta=10$ mm 钢板制作，做成高度为 2 m 的整体圆形，其内径比钻头直径大 20～40 cm，为增加刚度防止变形，在护筒上、下端和中部的外侧各焊一道加劲肋。护筒接头内部无突出物，能耐拉、压，不漏水。护筒埋设时，顶面比原地面高 0.5 m 左右，同时满足高出地下水位或孔外最高水位 1.5～2.0 m，以保证水头高度。护筒采用挖坑法埋设，下沉垂直，其顶面中心尺寸偏差不得大于 5 cm，倾斜度不得大于 1%。为保证桩位点的偏差符合要求及后续的钻机就位、下放钢筋笼对中的准确性，采用十字交叉等距定量控制法埋设护桩。以桩中心作为十字线的中心点，在十字线上定出四个点，分别打下直径 5 cm、长度 50 cm 的木桩，在木桩顶钉上小钉作为其准确位置，并使四个点到桩心的距离等距且定量控制为 1.5 m，经检测复核无误后，将木桩四周浮土挖去并用混凝土埋固。

（三）泥浆配制

泥浆采用优质膨润土造浆。钻孔时随时检验泥浆比重和含砂率。泥浆指标应符合下列规定：泥浆比重为 1.05～1.15，含砂率不大于 4%，胶体率不小于 95%，pH 值应大于 6.5。根据土质情况及时调整，尤其是穿过砂层等松散土层时，须加大泥浆比重，防止坍孔。制备及循环分离系统由泥浆搅拌机、泥浆池（45 m³，两个）、泥浆分离器（两个）和泥浆沉淀处理器等组成。在钻孔桩施工过程中，对沉淀池中沉渣及浇筑混凝土时溢出的废弃泥浆随时清理，严防泥浆溢流，并用汽车弃运至指定地点倾泻，禁止就地弃渣，防止污染周围环境。

（四）回旋钻机成孔

钻机就位前，对钻孔各项工作再次进行检查，确保各项工作正常。钻机就位后，将钻杆中心准确对准孔位中心，保证底座和顶端平稳，钻进中不产生位移或沉陷。开始钻孔时应稍提钻具，先启动泥浆泵和转盘，使之空转一段时间，待泥浆输进一定数量后，方可开始钻进。开始钻进时，进尺应适当控制，在护筒刃脚处，应低挡慢速钻进，使刃脚处有坚固的泥浆护壁。钻至刃脚下 1 m 后，可按土质以正常速度钻进。当护筒土质松软发现漏浆时，可提起钻锥，向孔中倒入黏土，再放下钻锥倒转，使胶泥挤入护壁堵住漏浆孔隙，稳住泥浆继续钻进。钻进速度应与泥浆排量相适应，并应保持护筒内应有的水头。对不同的地层采用不同的钻速钻压、泥浆比重和泥浆量：在易坍孔的砂土、软土等土层钻孔时，宜采用低速、轻压钻进，同时应提高孔内水头和加大泥浆比重；在黏质土中钻进，由于泥浆黏性大，钻头所受阻力也大，易糊钻，应中等转速、大泵量、稀泥浆钻进；在砂类土或软土层钻进时容易坍孔，控制进尺，低挡慢速、大泵量、稠泥浆钻进。

泥浆补充与净化：开钻前应调制足够数量的泥浆，钻进过程中如泥浆有损耗、漏失应予补充。每钻进 2 m 或地层变化处，应在泥浆槽中捞取钻渣样品，查明土类并记录，以便与设计资料核对。

测量：钻进过程中应经常测量孔深，并对照地质柱状图随时调整钻进技术参数。达到设计孔深后及时清孔提钻，清孔时以所换新鲜泥浆达到孔内泥浆含砂量逐渐减少至稳定不沉淀为度。钻进中控制水头高度，并经常测定泥浆性能，保持一定的比重、黏度和含砂率，不能满足要求时进行更换或补浆。根据铁路施工要求，泥浆比重一般不超过 1.2，当沉淀池中的沉渣较多时，应及时外运，以保证泥浆性能符合要求和泥浆循环系统畅通。

（五）旋挖钻机成孔

旋挖钻机采用回转斗取土成桩，具有成孔质量好、速度快、无噪声、无污染等优势。泥浆采用人工搅拌泥浆护壁，在钻进过程中不可进尺太快，保证充足的护壁时间。在钻进过程中，一定要保持泥浆面不得低于护筒顶 40 cm。在提钻时，须及时向孔内补浆，以保证泥浆高度。钻进过程中，回转斗的底盘斗门必须保证处于关闭状态，以防止回转斗内砂土或黏土落入护壁泥浆中，破坏泥浆的配比；每个工作循环严格控制钻进尺度，避免埋钻事故；同时应适当控制回转斗的提升速度。提升速度过快，泥浆在回转斗与孔壁之间高速流过，冲刷孔壁，破坏泥皮，对孔壁的稳定不利，容易引起坍塌。

（六）检孔及清孔

钻孔达到要求深度后采用外径与设计桩径相同，长度为4～5倍设计桩径，且不小于6 m的笼式检孔器检测，笼式检孔器两端制作成锥形，锥形高度不小于检孔器半径。检测时，慢慢放入孔内，上下通畅无阻表明为合格桩孔。各项指标符合要求后立即进行清孔。回旋钻机清孔采用泥浆置换法。清孔须达到符合设计及规范要求，即：孔内排出或抽出的泥浆手摸无 2～3 mm 颗粒，泥浆比重不大于1.1，含砂率小于2%；浇筑水下混凝土前孔底沉渣厚度，嵌岩桩不大于5 cm，摩擦桩不大于10 cm。严禁采用加深钻孔深度的方法代替清孔。在清孔排渣时注意保持孔内水头，防止坍塌。浇筑水下混凝土前，检查沉渣厚度，进行二次清孔，必要时用高压风枪冲射孔底沉淀物，并立即浇筑水下混凝土，保证孔底沉渣厚度不大于设计要求。

二、声测管的制作和安装

（1）桩长大于40 m时，采用声波透射法检测；桩径大于等于2.0 m时，采用声波透射法检测。

（2）钢筋笼加工时安装声测管。声测管采用A3钢板为材料，外径50 mm，壁厚3.5 mm。声测管底端有效封闭沿桩身全程埋设，接头不得发生漏管，顶端高出桩顶1 000 mm。

（3）当桩径0.8 m＜桩径D≤2 m时，声测管埋设根数为3根，声测管的布置采用沿桩身箍筋内侧等距布设，要绑扎牢固，保持竖直。

（4）声测管采用套筒连接，在下钢筋笼时，必须对声测管管内灌注清水后进行焊接封盖处理。

（5）在检测完成后，对声测管内空间采用与桩身混凝土同标号的水泥砂浆注浆填充。

三、钢筋笼制作与安装

按照设计图纸及施工规范要求进行钢筋笼的制作，并在钢筋笼四周对称焊接保护层钢筋或按设计要求设置圆形混凝土垫块，保证钢筋笼的定位并有足够的保护层，在顶节钢筋笼上焊接至少 4 根加长钢筋，以固定钢筋笼。钢筋笼的绑扎及焊接工艺，在施工中应严格按设计要求和施工规范执行。钢筋笼制作完成后，运到现场，利用钻架及时吊放钢筋笼，也可移开钻机用吊车吊放钢筋笼。为保证成孔质量，必须缩短下笼时间，尽可能增大钢筋笼的长度。较长钢筋笼分节制作，每节长 15 m 左右，钢筋笼接头采用直螺纹套筒连接，以减少下笼时间。为了防止钢筋笼放置偏心，以及保证混凝土保护层的厚度，每隔 2 m 设一组定位钢筋或绑扎圆形垫块。钢筋笼吊放时按挂牌编号逐节起吊骨架就位。先两点水平起吊，待骨架立直后由上吊点吊入孔内。

四、导管安装

导管用 ϕ300 mm 无缝钢管制作，每节长一般为 3 m，最下端一节导管长 4.5～6 m，不得短于 4 m，为了配备适合的导管长度，部分导管做成 0.5 m 长。导管采用游轮螺母连接，橡胶"O"形密封圈密封，严防漏水。导管初次使用时应做水密承压试验，进行水密试验的水压不小于井孔内水深 1.3 倍的压力，以保证密封性能可靠和在水下作业时导管完好，以后每次灌注前更换密封圈。导管吊放入孔时，应将橡胶圈安放周正、严密，确保密封良好。导管在桩孔内的位置应保持居中,防止挂钢筋笼和碰撞孔壁,导管底部距孔底的高度,以能放出隔水塞和混凝土为度,一般为300~500 mm。导管全部入孔后,计算导管总长和导管底部位置,并做好记录。

五、水下混凝土灌注

混凝土灌注采用下导管水下灌注,导管采用壁厚6 mm无缝钢管,底部距孔底30~50 cm,导管要有足够的刚度和强度,导管使用前和使用一段时间后应做压水试验,并试验隔水栓能否顺利通过。水密试验时的水压不小于孔内水深的1.3倍压力;压水试验根据施工中可能出现的最大压力确定。导管自下而上作标尺和编号,灌注前还要进行升降试验。混凝土灌注要及时进行,若时间过长需再测沉渣,沉渣厚度超过设计要求需重新清孔。混凝土必须具有良好的和易性,配合比应通过试验确定。为防止水下混凝土在灌注过程中因时间较长,混凝土凝固而导致重大事故的发生,混凝土中可掺入高效缓凝减水剂以延缓凝结时间,改善混凝土的和易性及节约水泥。混凝土集中搅拌。首批混凝土灌注前精确计算首盘混凝土方量,制作足够容积的封底用漏斗,确保封底顺利,确认封底成功后,进行正常连续灌注。灌注过程严格依照规范进行,随时进行混凝土质量、导管埋置深度等各项检测以保证整个灌注过程的顺利进行。灌注开始时,要连续有节奏地进行,当导管内混凝土不满时,要徐徐地灌注,防止在导管内造成高压气囊,压漏导管。导管底端要始终埋入混凝土面以下2~6 m,严禁把导管提出混凝土面。混凝土灌注过程中注意观察钢筋笼是否上浮,若上浮需采取加固措施。在灌注将近结束时,导管内混凝土柱高度相对减少,导管内混凝土压力降低,而导管外井孔的泥浆稠度增加、比重增大。若出现混凝土顶升困难,可在孔内加水稀释泥浆,减少泥浆比重,使浇筑工作顺利进行。灌注结束后,用测绳准确测出桩顶的混凝土面标高,并按规范要求考虑超灌余量。

六、桩基检测

桩基达到设计规定的强度后,即可开挖基坑。采用环切法切除桩头,根据设计要求,在监理工程师在场的情况下,对桩的完整性采用超声波透射法进行检测。

七、承台

承台根据土层性质和实际情况,采取放坡开挖或支护基坑开挖,地下水位较高的采取井管或排水管降水。承台混凝土为大体积混凝土,施工中需采取降低混凝土入模温度、设置冷却水管和保温等措施,确保混凝土内在质量。

(一)基坑开挖

基坑最大限度地采用挖掘机开挖,开挖尺寸根据承台尺寸、放坡坡度和基底留工作面的宽度(每侧 0.5~0.8 m)来确定。基坑顶距开挖线 1.0 m 以外挖排水沟,防止地表水浸入基坑。基坑开挖完毕用水泵排除积水,凿桩头采用环切法施工,先用红油漆在桩身做好标记,然后用切割机沿标记进行切割,切割完成后采用机械进行凿除,临近切割线时采用人工凿除,进行桩基无损检测,合格后进入下道工序。

(二)施工放样

承台放样分两步进行:第一步为基坑开挖放样,待挖到设计标高后,浇筑混凝土垫层;第二步为用全站仪进行精确定位,用墨线弹出轮廓线,以便绑扎钢筋和支立承台模板。

（三）钢筋安装

承台钢筋在钢筋加工厂加工成半成品，运至现场绑扎。承台钢筋按规范进行焊接，钢筋网片之间采用架立钢筋焊接牢固，做到上下层网格对齐，层间距正确，并确保钢筋的保护层厚度。为了加快钢筋安装速度，减少基坑暴露时间，也可以事先在基坑外初步绑扎成形后，由汽车吊吊装入模。墩身预埋筋及其他预埋件按规定位置安装并牢固定位。

（四）模板安装

模板采用大块组合钢模板，并保证模板强度、刚度和稳定性。模板拼装利用汽车吊在基坑内逐块组拼，拼接表面平整、支撑牢靠。支模前用全站仪测放承台四角点，墨线弹出模板的边线，支模后再用仪器进行复合校正。

（五）安装冷却水管及测温元件

大体积混凝土承台，由于结构截面大，混凝土所释放的水化热会产生较大的温度变化和收缩作用。通过安装冷却管及时将水泥水化热传导出去，可以控制承台大体积混凝土芯部与表面、表面与外部温差，保证混凝土不因温差效应开裂。冷却循环水管采用 $\phi 42$ mm 普通钢管，上下层冷却水管间距及同层冷却水管间距均采用 1.2～1.5 m。进出水口安设调节流量的水阀和测流量设备。冷却水管安装时，要以钢筋骨架和支撑桁架固定牢靠，以防混凝土灌注时水管变形及脱落而发生堵水和漏水，并做通水试验。每层循环水管被混凝土覆盖并振捣完毕，即可在该层水管内通水。通过阀门调节循环冷却水的流量。循环冷却管排出的水在混凝土灌注未完之前，不得排至混凝土顶面。测温设备可采用大体积混凝土温度微机自动测试仪，温度传感器预先埋设在测点位置上，基础承台测点位置分承台内部、薄膜下温度、大气温度、冷却水管进出水温度设置。测点温度、温差以及环境温度的数据与曲线用电脑打印绘制。当混凝土内外温差超过控制要求时，系统马上报警。测温点的布置应考虑大体积混凝土浇筑顺序时间的不一致,应由各区域均匀布置,以核心区、中心区为重点。

(六)混凝土灌注及养护

混凝土由混凝土集中拌和站集中拌和,混凝土输送车运输,经混凝土泵送至施工点,混凝土分区布料、薄层浇筑,采用插入式振捣器振捣,当混凝土自由落体高度超过2 m时,采用串筒下料,防止混凝土离析。混凝土浇筑完毕后,在顶部混凝土初凝前对其进行二次振捣,并压实抹平,控制表面收缩裂纹,减少水分蒸发。承台为大体积混凝土,需控制混凝土硬化过程中由于水化热引起的内外温差,防止内外温差过大而导致混凝土裂缝。

1.配合比设计

掺加缓凝减水剂及活性混合材料粉煤灰以减少水泥用量。采用普通硅酸盐水泥配制混凝土,采取低水灰比,降低混凝土水化热。根据季节情况,可采取冷却骨料、降低混凝土入模温度的办法。将混凝土的浇筑时间选在下午6点以后,一夜内浇筑完一个承台。以上措施可一起使用,也可组合使用,具体实施将根据试验进行。

2.混凝土浇筑

优化浇注工艺,斜面分层,薄层浇筑,连续推进;降低混凝土内外温差,"内排"并"外保"。具体实施办法为:混凝土分层浇筑、振捣,每层浇筑厚度40 cm。在浇筑前预先在混凝土内布设降温冷却水管,混凝土浇筑后或每层循环水管被混凝土覆盖并振捣完成后,即可在该层水管内通水。通过水循环,带走基础内部的热量,使混凝土内部的温度降低到要求的限度。控制循环冷却水进、出水的温差不大于5 ℃。

3.大体积混凝土的养护

采用综合蓄热养护,混凝土表面覆盖塑料薄膜、草袋养护,防止内外温差过大;进行测温控制,在养护中通过量测测温点的温度,用于指导降温、保温工作的进行。

4.冷却水管压浆

管道压浆采用与预应力相同的真空压浆工艺。压浆泵采用连续式，同一管道压浆应连续进行，一次完成。压浆前用空压机吹管清除管道内杂物及积水，水泥浆拌制均匀后，须经 2.5 mm×2.5 mm 的滤网过滤方可压入管道。管道出浆口出浆浓度与进浆浓度一致后，方可关闭进出口阀门封闭保压。浆体注满管道后，在 0.50~0.60 MPa 的压强下保持 2 min，以确保压入管道的浆体饱满密实；压浆的最大压强不得超过 0.60 MPa。管道压浆采用强度等级不低于 42.5 级低碱硅酸盐或普通硅酸盐水泥；掺入的粉煤灰、高效减水剂、膨胀剂等外加剂的含量按规定执行，严禁掺入氯化物或其他有腐蚀作用的外加剂。水泥浆的水胶比不得超过 0.30，且不得泌水，流动度应为 30~50 s，水泥浆抗压强度不得小于同级混凝土强度并满足图纸设计要求；压入管道的水泥浆应饱满密实，体积收缩率应小于 1%。水泥浆自搅拌结束至压入管道的间隔时间，不得超过 40 min，管道压浆应控制在正温下施工，并应保持无积水、无结冰现象。压浆时及压浆后 3 d 内，承台及环境温度不得低于 5 ℃。冬季压浆时要采取保温措施，并掺加防冻剂。水泥浆试件的制备和组数，由试验室按常规办理，标准养护的试件作评定水泥浆强度之用，但检查用的强度试件必须随同承台在同条件下进行养护。

八、实体墩身施工

本标段桥梁墩台形式主要为圆端形实体墩。墩身施工采用整体大块拼装式模板，墩高小于 15 m 的墩身采用整体大块拼装式模板一次浇筑成型，墩高大于 15 m 的墩身二次浇筑成型。钢筋在加工厂进行加工，现场绑扎。混凝土集中供应，由混凝土输送车运输，输送泵泵送入模。养护采用"穿衣戴帽法"量身定做的养生衣外包裹塑料薄膜，使用自动喷淋系统，不间断养护。

（一）模板工程

墩身采用对拉杆式整体钢模，由具有专业资质的厂家制作，以保证加工精度。承台混凝土浇筑前，依据墩身模板结构尺寸在承台上预埋型钢铁件。模板采用汽车运输至墩位附近，现场拼装成整体，安装桁架支撑，采用吊车整体吊装就位，与承台预埋型钢连接固定。模板整体拼装时要求错台＜1 mm，拼缝＜1 mm。安装时，用缆风绳将钢模板固定，利用经纬仪校正钢模板两垂直方向倾斜度。

（二）钢筋工程

钢筋在加工厂按设计图纸集中下料、分型号、规格堆码、编号，用平板车运到现场，在桥墩钢筋骨架定位模具上绑扎。结构主筋接头采用直筒螺纹连接，主筋与箍筋之间采用扎丝进行绑扎。绑扎或焊接的钢筋网和钢筋骨架不得有变形、松脱现象。混凝土保护层垫块采用定型混凝土垫块。

（三）混凝土浇筑

混凝土采用集中拌和，混凝土输送车运输，输送泵或汽车泵泵送入模，分层浇筑，连续进行，插入式振捣棒捣固密实。混凝土浇筑前，将承台与墩身接头处混凝土进行凿毛处理，清除浮浆及松动部分，冲洗干净，并整修连接钢筋。浇筑时在墩身整个平截面内对称水平分层进行，浇筑层厚控制在 30 cm 以内，同时注意纠正预埋铁件的偏差，保证混凝土密实和表面光滑整齐，无垫块痕迹。混凝土浇至支座垫石顶面时注意抹平压实，并特别注意锚栓孔的预留。如果支座高度与设计预留的高度有变化，则要注意根据支座中心处的梁底标高调整支座垫石的高度，支座垫石的标高按负公差控制。混凝土浇筑期间设专人看护模板，观察支架、模板、钢筋和预埋件等的稳固情况，发现松动、变形、移位时，及时处理。墩台混凝土达到拆模强度后拆除模板，拆模时要轻敲轻打，以免损伤主体混凝土的棱角或在混凝土表面造成伤痕。

（四）混凝土养护

根据施工对象、环境、水泥品种、外加剂以及混凝土性能的不同提出具体的养护方案，各类混凝土结构的养护措施及养护时间遵守相关规范的规定。当新浇结构物与流动水接触时，须采取防水措施，保证混凝土在规定的养护期之内不受水的冲刷。拆模后的混凝土养护采用"穿衣戴帽法"量身定做的养生衣外包裹塑料薄膜，使用自动喷淋系统，不间断养护，高温时段设置为 30 min 喷淋一次，常温时段设置为 60 min 喷淋一次，每次喷淋 5 min，喷淋时间的设置应考虑在第二次喷淋时能确保上次喷淋水分还未完全蒸发。养护时间不得少于 14 d。养护期间，混凝土强度未达到规定强度之前，不得承受外荷载。当混凝土强度满足拆模要求，且芯部混凝土与表层混凝土之间的温差、表层混凝土与环境之间的温差均不大于 15 ℃时，方可拆模。

（五）混凝土温度测量和控制

墩身混凝土为大体积混凝土。根据构造物尺寸、环境温度及浇注工艺的不同，选取有代表性的结构使用大体积混凝土循环测温仪，及时掌握混凝土内部温度、表层温度，并绘制温度曲线图。当发现混凝土浇筑温度、内外温差或降温速率出现异常时，应及时处理。混凝土拌和阶段通过降低材料温度、调整搅拌机投料顺序等措施来降低混凝土出机温度；浇筑阶段通过降低运输容器温度、适当选择浇筑时间、分层浇筑等技术措施来降低混凝土温度；养护阶段通过内部降温或外部升温、保温、提高养生水温等措施，使混凝土核心温度、表面温度、外界温度差值控制在规定的范围内。

九、桥台台身

（一）支立模板

桥台模板采用大块组合钢模板，由具有专业资质的厂家制作，保证加工精度。根据梁端线和梁缝确定出胸墙位置，胸墙必须充分加固，保证其竖直，防止架梁时出现梁缝与设计相差较大，难以处理的情况。

（二）桥台钢筋

钢筋在钢筋加工厂集中加工，现场绑扎焊接成型，且须依照设计及相关技术标准进行施工，严把质量关。

（三）浇筑混凝土

钢筋、模板经检查合格后，进行混凝土浇筑。混凝土的拌和、运输、浇筑方法同桥墩混凝土施工方法，并在拆模后及时进行养护。

（四）支承垫石和墩顶预埋件

墩台支承垫石和墩顶预埋件位置控制应采用模架法固定成型。在浇筑完墩台帽，吊装模架并与墩台顶部控制角钢螺栓连接，精确测量垫石顶标高后，一起浇筑混凝土。浇筑支承垫石混凝土时，注意预留孔的位置。支撑垫石的标高要严格控制。混凝土浇筑完后及时覆盖，并按时浇水养护。墩台施工完成后，对全桥进行中线、水平及跨度贯通测量，并用墨线画出各墩台的中心线，支座十字线、梁端线以及锚栓孔的位置。暂时不架梁的锚栓孔或其他预留孔，应排除积水将孔口封闭。

（五）沉降观测

（1）从承台施工完成后，就要开始进行沉降首次观测，承台观测标为临时观测标，当墩身观测标正常使用后，承台观测标随基坑回填将不再使用。随施工的逐步进行依次进行墩身、桥台、梁体的变形观测。

（2）沉降观测设备的埋设是在施工过程中进行的，桥梁施工要与设备的埋设做好协调，做到互不干扰、影响。观测设施的埋设及沉降观测工作应按要求进行，不能影响桥梁施工质量。

（3）观测精度要求：桥涵基础沉降和梁体徐变沉降变形的观测精度为 ±1 mm，读数取位至 0.01 mm。

（4）观测频次要求：墩台基础沉降观测根据要求的时间间隔进行。梁体徐变变形观测需在梁体施工完成后开始布置测点，并在张拉预应力前进行首次观测，各阶段观测频次应按时间间隔进行。

（5）梁体徐变量计算：对于梁体的徐变变形观测，每孔梁支点之间的梁体徐变变形应以两支点的连线为基准线进行观测计算，由于下部结构沉降变形的影响，该基准线的位置会发生变化，梁体观测点至该基准线的垂直距离利用几何方法计算取得，垂直距离差值就是梁体徐变变形量。对进行徐变观测的梁，在梁场内严禁双层存梁。

十、连续梁挂篮悬浇施工工艺

本标段共设计有 11 联连续梁。连续梁采用挂篮悬臂现浇施工，悬浇梁段采用菱形挂篮悬臂对称灌注，0#块采用支架法施工，边跨现浇段采用支架法施工。采用塔吊或吊车进行材料等的垂直运输，混凝土采用泵送浇筑。

连续梁 0#块采取一次立模整体灌注的具体施工方案如下：

（一）支架设计

0#块采用支架法现浇施工，施工支架支承在墩身上。支架由钢管桩、型钢等组成，其上铺设定型三角托架，再安装底模和侧模，二者之间以楔形块等将底模标高调整至与梁底设计线型一致。

（二）支架预压

为消除支架的塑性变形，防止因支架下沉造成混凝土出现裂缝，并保证梁段的线型与设计一致，应对支架进行预压。预压采用沙袋堆载重力法加载，将0#块在支架上的混凝土重量、钢筋重量、模板及支撑重量、振捣荷载、人工及机具荷载等按1.2倍的系数换算成混凝土块重量；将等重量的混凝土块均匀放在0#块底模板上，在底模板上布置监控点，测量标高变化值，找出所加荷载与模板产生挠度的关系。

（三）模板制备

1.安装底模

0#段底模支承在支架钢梁上，底模铺设根据支架纵横梁布置以及底模架设计施工。模板面与支座面相平，按设计要求调整模板面纵坡，模板底型钢钢梁用楔木或钢板垫平，墩外部分钢梁下设置螺旋式千斤顶，支承在支架上，调整底模板标高。底模与墩身的缝隙用玻璃胶拌成腻子刮平、打光、涂脱模剂处理。

2.外侧模板腹板、横隔板

外侧模板用型钢和平面大钢模板加工组拼，以对拉螺栓定位，安装在左右两侧的支架上，在地基上搭钢管支架，外侧模板钢管支架上设有横向预应力张拉工作台。标高、模板的垂直度和拆模采用千斤顶调整。

3.内模板和过人洞模板

0#梁段的内模分三部分，即横隔板内模、腹板和顶板内模。内模板选用组合钢模板。过人洞模板采用竹胶板。为便于模板的拆运，构件长度宜小于1.5 m。

模板表面涂刷脱模剂。过人洞模板要支立牢固,内外加强固定,防止跑模变形。

4.端板与堵头板

端模上有钢筋和预应力管道伸出,位置要求准确,模板拟采用木模。模板内模及内部顶部模板除梗肋部分做特殊加工外,其余部分采用组合模板,使用螺栓及U形卡联结成整体,竖向用 15 cm×15 cm 方木或型钢作为背楞,横向用 ϕ48 mm 钢管或型钢通过扣件及拉杆将内、外模框架拉紧,安装内模底部时竖向预应力压浆管设计位置预先挖孔,并在安装时注意对压浆孔进行保护,安装后用海绵或其他材料封堵管周空隙,内模就位后用方木或型钢将内外侧模顶紧,用脚手架及可调式承托配合,将内模顶紧,并设剪力撑将各杆件连成整体。过人洞处截面复杂,应制作使用整体钢模板,在该处顶部钢筋封顶前放入,以增强模板刚度和整体性,并方便立模。为方便混凝土浇筑及振捣,箱室内模及顶模须预留施工用振捣观察窗,待混凝土浇筑接近预留口时再将钢筋按照规范连接后进行封堵。

第四节 0#块钢筋及预应力管道施工

一、0#块钢筋的绑扎安装

0#块钢筋采用整体绑扎安装,先进行底板及腹板的钢筋绑扎,然后进行顶板钢筋的绑扎,当普通钢筋与预应力筋支座螺栓相碰时可适当调整普通钢筋位置或适当进行弯折。绑扎时绑扎铁丝的尾端不得伸入保护层内。所以预留孔位置均需设置相应的环状螺旋筋。桥面泄水孔位置,其钢筋应相应移动,并增设井字筋进行加强;当采用混凝土垫块控制净保护层时,垫块采用与梁体同等寿命的材料确保梁体的耐久性。

钢筋的交叉点用铁丝绑扎结实，也可用点焊焊接牢固；梁段内的箍筋与主筋垂直；箍筋末端向内弯钩，箍筋转角与钢筋的交接点均要绑扎牢固；箍筋的接头在梁段内沿纵向交叉布置。

桥面顶板预埋件和钢筋多，防撞墙、电缆槽、接触网基础，人行道拉杆基础的预埋钢筋，通风孔、排水孔、泄水孔、检查孔的加强钢筋，以及通信、信号、电力系统的接地钢筋都应焊接牢固；所有预埋件位置要正确，泄水管及梁端封锚处进行防水处理等。

二、0#块波纹管安装

（1）预应力管道采用金属波纹管成孔，且具有一定强度，在搬运和浇筑混凝土过程中不损坏、不变形、不漏浆。

（2）波纹管位置用钢筋固定，定位筋牢固焊接在钢筋骨架上，如管道位置与骨架钢筋相碰时，适当调整钢筋位置以保证波纹管线形。定位筋间距不大于 0.5 m，在曲线段适当加密以保证管道位置准确。锚具垫板及喇叭管尺寸位置要正确，喇叭管的中心线要与锚具垫板垂直，喇叭管和波纹管的衔接要平顺，不得漏浆，杜绝堵塞管道。

（3）压浆管道布置，对腹板束、顶板束在 0#段梁中部设置三通管，中跨底板钢束在合龙段横隔板附近管道设置三通管，边跨底板束在距离支座 10 m 附近设置三通管道，钢束长超过 60 m 时按相距 20 m 左右增设一个三通管，以利于排气，保证压浆质量。竖向压浆管道和排气孔的布置，在施工时根据实际情况确定，但必须保证压浆密实，确保梁体质量。

（4）波纹管接头要固定牢固，纵向波纹管道随梁的推进逐段安装。为保证接头不漏浆，接头安装顺穿束方向套进，前一段管道一般露出混凝土 7～8 cm，在下一段施工时，若波纹管接头因拆模、凿毛不慎损坏，应在接长时仔细检查并修理好。接头一般用一段 30 cm 长的套管套住两端接头，固定牢固，然后在接缝左、右各 5 cm 长范围内缠上胶带，防止漏浆。

（5）波纹管内在进行混凝土浇筑前应穿入内衬塑料管，并保证内衬管在波纹管内转动自如。在混凝土浇筑过程中应经常转动内衬管。在混凝土初凝后及时将内衬管拔出。

三、混凝土配制

选用合适的高效减水剂，并采用连续级配的碎石和优质中粗砂，现场坍落度（运送到作业点时）控制在 15～20 cm。混凝土初凝时间按 12～18 h 配制，保证现浇梁段在混凝土初凝前施工完成。

四、混凝土浇筑施工

混凝土采用集中拌和，搅拌运输车运至现场泵送。由于梁段较高，在浇筑底板、腹板混凝土时，均采用减速漏斗下料。底板中因钢筋布置不多，使用振动力大的插入式振捣器捣固，混凝土入模在悬臂部分由悬臂端向根部方向浇筑。腹板因高度大、厚度薄，且钢筋密集，混凝土入模、振捣困难，腹板采用水平分层浇筑，分层厚度为 30 cm。振捣时主要以插入式振捣器振捣为主，同时利用外模附着式振捣器辅助振捣。顶板混凝土入模与振捣，顶板厚度不大，混凝土入模时，先将承托填平，振实后再由箱梁两侧悬臂板分别向中心推进，混凝土振捣可分块进行，根据具体情况，可启动 3 个或 6 个振捣器振捣，待表面翻浆流平即属振实。对承托部分混凝土辅以软管轴插入式振捣器振捣。最后用平板振捣器在整个顶板面上振捣找平，停留 1～3 h，收浆后，再表面抹平。0#块及根部梁段如果在炎热高温条件下施工，因混凝土体积大，水泥水化作用快，温度高，易导致混凝土坍落度损失大、早凝，梁段开裂。为此，应采取措施降温，保证入模温度不超过 30 ℃。

第五节　其他施工工艺

一、连续梁挂篮悬浇施工工艺

为了加快悬臂施工进度，各梁段亦采取全断面一次浇筑的施工方案，保证梁段混凝土一次浇筑。

（一）挂篮的结构设计及拼装

挂篮既是施工梁段的承重结构，又是施工梁段的作业（悬灌、张拉等）现场，挂篮按其悬灌所承受的最大梁段重量及施工荷载等最不利荷载设计。0#块施工完成后，利用吊机在 0#块上拼装菱形挂篮，进行梁段悬浇。

1. 挂篮结构

菱形挂篮结构主要由桁架、提吊系统、走行及后锚系统、模板系统和张拉操作平台等六部分组成。

2. 挂篮拼装及试验

在墩顶现浇段现浇施工完成后（含预应力施工及压浆），采用吊机进行挂篮构件起吊和拼装。安装时注意桥墩两侧的挂篮应对称同步安装，按设计要求控制不均衡荷载。新加工的挂篮采用试压台加压法检测桁架的受力性能和状况，未经试压的挂篮不得吊装上墩进行悬灌施工。通过试压消除结构的非弹性变形。试压可采用在桥位附近（或在工厂）试验台加压法进行。

（二）挂篮的前移

待已灌注梁段混凝土强度和弹性模量达到设计要求指标后，对纵向预应力筋张拉并压浆后，再铺设垫梁和轨道。轨道锚固后，放松底模架前后吊带并将底模架后横梁用 2 个 10 t 倒链悬挂在后上横梁上；拆除后吊带与底模架的连接，先放松所有后吊杆再放松前吊带，按照同样的方法松开外侧模。用 2 台液压千斤顶顶升精轧螺纹钢，牵引前支座使菱形桁架带动底模侧模前移，就位后安装底模后吊带，将底模吊起。解除外模走行梁的一个吊带前移至预留孔，调整立模标高进入下一循环施工。

（三）挂篮底模、侧模标高调整及位置控制

当挂篮安装完成后，即可进行模板标高及中线调整。模板控制标高＝设计标高＋施工预留拱度，设计标高由设计院提供。施工预留拱度由设计院提供的理论预留拱度结合现场挂篮试压测试数值（如弹性变形值）等因素，通过编制的线形控制软件计算而得。同时在每个承台顶面上设水准点 4 个，观测群桩的沉降；在墩顶现浇段顶面腹板位置处各设水准点 4 个，观测墩身的压缩。

二、连续梁合龙段施工工艺

（一）施工方案

连续梁合龙段采用吊架法进行施工，按照先合龙边跨、后合龙中跨的顺序施工。施工步骤如下：

第一步，焊接安装合龙段体外固结劲性骨架，绑扎钢筋，连接预应力管道并定位，使劲性骨架与周围钢筋焊接，对中间跨合龙段须设体外钢结构劲性骨架及临时预应力束并张拉锁定。

第二步，安装吊架于合龙段上方，并调整就位，再安装内模，在梁体悬臂

端采用水箱配重，选择日温度最低的时间段浇筑合龙段混凝土，以混凝土浇筑后温度开始缓慢上升为宜，之后逐级解除合龙段压配重。

第三步，边跨混凝土达到设计强度后，按设计要求进行纵向预应力张拉，张拉完成后拆除中墩临时固结，落梁，将中支点水平方向临时固结后开始中跨施工。

第四步，等中跨合龙完毕后，按设计要求张拉所有剩余的预应力束，全部完成体系转换。

（二）施工要点

合龙段固结为体内劲性骨架永久固结，严格按设计要求施作，确保劲性骨架构件的焊接质量，并使劲性骨架与周围钢筋焊接，骨架的长度依实际情况确定。在混凝土中加入适量的早强剂，以缩短等强时间。为确保梁体混凝土浇筑质量，采用一次连续浇筑工艺，加强振捣，并掺入微量铝粉作膨胀剂，以免新旧混凝土的连接处产生裂缝。混凝土作业的结束时间，根据掌握的天气变化情况，尽可能安排在气温回升之前完成，浇筑完毕后及时覆盖，按规定养生。在每一合龙段挂篮就位、配重、混凝土浇筑、预应力施张、拆除挂篮及配重前后，均要测量梁端及梁部各测点的标高变化，并进行数据分析，以为后续合龙段施工提供参考，积累经验。

（三）施工监控

1.施工监控目的

在施工过程中，为保证合龙前悬臂端竖向挠度的偏差、主梁轴线的横向位移不超过容许范围，合龙后的桥面线形良好，在施工中主梁截面不出现过大的应力，必须对该桥主梁的挠度、应力等施工控制参数作出明确的规定，并在施工中加以有效的管理和控制，以确保该桥在施工过程中的安全，并保证在成桥后主梁线形符合设计要求。对于分阶段悬臂浇筑施工的预应力混凝土连续梁桥来说，施工控制就是根据施工监测所得的结构参数真实值进行施工阶段计算，确定出每个悬浇阶段的立模标高和结构内力，并在施工过程中根据施工监测的挠度和应力成果，对误差进行分析、预测或对下一阶段立模标高进行调整，以此来保证成桥后的桥面线形，保证合龙段悬臂标高的相对偏差不大于规定值以及结构内力状态符合设计要求。对桥连续梁部分进行施工监控的目的就是确保施工过程中结构的可靠度和安全性，保证桥梁成桥桥面线形及受力状态符合设计要求。主要控制内容为主梁线形和受力。

2.线形控制流程

连续梁桥的施工控制是一个"预告→施工→量测→识别→修正→预告"的循环过程。施工控制中最基本的原则是确保施工过程中大桥结构的安全，在大桥施工过程安全性满足要求的前提下，再对大桥施工过程中结构的线形进行控制，确保大桥最终线形满足预期目标。施工控制的实质就是使施工按照预定的理想状态顺利推进。由于实际上不论是理论分析得到的理想状态还是实际施工都存在误差，所以对本桥进行施工控制的核心任务就是对各种误差进行分析、识别、调整，对结构未来的状态作出预测。每次移好挂篮，对箱梁底模都要进行中线放样，标高测量。对前一梁段中线和标高有偏差的，在下段梁应当进行适当的纠正，每段梁浇筑完毕，须在梁面上放出中线（弹出墨线），布置标高点（一般6个点），测出标高。张拉后，复测中线和标高并计算出张拉后梁块的上翘值和扭曲值。每次混凝土浇筑时都要进行测量观测。箱梁在悬浇施工中，由于受自重、温度、施工荷载以及混凝土自身的收缩、徐变等因素的影响会产生一定的挠度，并随着悬臂长度的加大而增加，为使成桥后的线形达到或接近设计要求，在整个悬浇施工过程中应进行必要的高程测量控制，即对已浇梁段和准备浇筑的块件在主要施工工况下的挠度变化进行测量监控，并掌握其规律，以便对待浇块件的立模标高进行必要调整，以满足设计与施工规范的要求。鉴于已完成阶段的不可控性以及施工中对线性误差的纠正措施的有限性，控制误差的发生就显得极为重要，所以在施工中应采用自适应控制法对其进行控制。基本思路为：当结构的实测状态与模型计算结果不符时，通常将误差输入参数辨别算法中去调整计算模型的参数,使模型的输出结果与实测结果一致,得到修正的计算模型参数后,重新计算各施工阶段的理想状态,经过几个阶段的反复识别后,计算模型就基本与实际结构一致,从而能够对施工过程进行有效控制。

3.应力监测技术

应力监测所采用的混凝土应变计与普通钢筋焊接,在混凝土浇筑后,混凝土将不可避免地发生收缩及在外力作用下的徐变,在悬臂阶段,每个墩的悬臂结构均为静定结构,混凝土的收缩、徐变不会引起结构的次内力,仅仅引起混凝土的应变,由于假设混凝土和钢筋是协同受力的,则混凝土应变计所测数据中含有非荷载作用下的应变成分;在合龙后,发生体系转换后,混凝土的收缩、徐变将引起结构次内力,该次内力为结构内力的一部分,将引起钢筋应力的变化,此部分为荷载作用下的应变;另外,由于混凝土的收缩、徐变也将引起混凝土应变计的应力测试结果的变化,此部分为非荷载下的应变,须将非荷载下的应变扣除。

三、支架现浇箱梁施工工艺

本标段非标准简支箱梁采用支架现浇法施工。

（一）支架设计

现浇支架由 WDJ 碗扣式多功能脚手架组成。

（二）地基处理

一般地基视地表土情况掺加 5%～8%的石灰,平整静压。必要时换填处理,分层碾压。地基处理后要求密实度达到 90%以上,地基承载力达到 0.2 MPa 以上。支架地基比原地面高 15～20 cm,外侧设排水沟。地基处理好后,整体浇筑 C20 混凝土，养护至少 3 d 后方可搭设支架。

（三）脚手架的施工

支架搭设采用碗扣式支架，其截面尺寸为 $\phi48$ mm×3.5 mm，支架顶托上横向布置 15 cm×15 cm 方木。方木上纵向铺设 30 cm 长的 10 cm×10 cm 方木。立杆顶托及底托丝扣伸出长度控制在 20 cm 内，支架搭设过程中在距立杆顶部和底部 20 cm 位置分别设置扫地杆。剪刀撑是防止脚手架纵向变形的重要措施，每组剪刀撑跨越立柱的根数量宜为 5~7 根，每道剪刀撑的宽度不应小于 4 跨，且不小于 6 m。斜杆与地面的倾角宜为 45°~60°，由底至顶连续设置。中间每道剪刀撑的净距不大于 15 m。

（四）预压及预拱度的设置

检查各构件联结是否紧固，金属结构有无变形，各焊缝检测是否满足设计规范的要求，应照明充足，警示明确。完全模拟浇注状态进行全面检查，只有全面检查合格后方能进行试验工作。

支架搭设完毕后，预压荷载不小于梁体施工荷载的 1.1 倍，预压荷载可按最大施工荷载的 60%、100%、110% 分三次加载，每次加载完毕 1 h 后进行支架的变形观测，加载完毕后宜每 6 h 测量一次变形值。预压卸载时间以支架地基沉降变形稳定为原则，最后两次沉落量观测平均值之差不大于 2 mm，即可终止预压卸载。卸载方案类似加载方案，不过是加载程序的逆过程，卸载过程同样分三个阶段。要均匀依次卸载，防止突然释荷的冲击，并妥善放置重物以免影响正常施工。卸载时每级卸载均待观察完成，做好记录后再卸至下一级荷载，测量记录支架的弹性回复情况。所有测量记录资料要求当天上报试验指导小组，现场发现异常问题要及时汇报并采取相关应急措施。

卸载后测量出各测量点标高值，此时就可以计算出各观测点的变形量，试压后，可认为支架、模板、方木等的非弹性变形已经消除。预压后测出钢排架的弹性变形和地基全部变形。然后按照箱梁设计图和预压结果，设置预拱度。

四、桥面系施工工艺

（一）桥面防水及保护层施工

1.桥面防水层施工

防水层施工前采用凿除或用水泥砂浆进行找平，使其表面平整，无凹凸不平、蜂窝及麻面。防水层施工前须清除箱梁表面的浮渣、浮灰和积水，表面不得有明水。防水涂料涂刷均匀，不得漏刷，一边涂刷一边铺贴防水卷材，防水涂料涂刷厚度为2 mm。防水卷材搭接时，搭接宽度不小于8 cm；铺贴时，采用刮板将防水卷材推压平整，并使防水卷材的边缘和搭接处无翘起，其他部分无空鼓。防水卷材铺贴完毕并符合各项要求后，用防水涂料进行封边。防护墙、内边墙、端边墙内侧以及防水卷材的周边往里8 cm应涂刷防水涂料的部位均应进行封边，其涂刷厚度均不得低于2 mm。防水层施工完后铺保护层前，避免人员在桥面上走动、抛掷重物。涂刷后24 h内须防止雨淋及暴晒，不得使用风扇或类似工具来缩短干燥时间。

2.桥面保护层施工

防水层完全干固后，进行保护层施工。保护层施工应避开高温和大风天气，以防止失水太快，致使表面无法及时收光形成早期裂纹。纤维混凝土随拌随铺，在一个区段内的铺设连续进行，不得中断。拌和料从搅拌机中卸出到浇灌完毕，所需时间不超过30 min，在浇筑过程中严禁因拌和料干涩而加水。铺设过程中采用平板式振捣器进行振捣，注意捣固密实并无可见空洞，压平表面竖起的纤维；为保证桥面排水畅通，在保护层施工时，注意桥面排水坡的设置，同时根据泄水孔的位置设置一定的汇水坡。保护层施工时，其施工用具、材料必须轻吊轻放，严禁碰伤已铺设好的防水层。

3.防护墙施工

防护墙设计为钢筋混凝土结构，梁体施工时在防护墙相应部位预埋防护墙钢筋，以确保防护墙与梁体的整体性。防护墙每 4 m 设 10 mm 断缝，下端设泄水孔并进行防水处理，内侧根部加设 30 mm×30 mm 倒角，便于防水层的铺设。为便于作业人员通过，在每孔梁的梁端防护墙上设置过人槽口。防护墙采用整体定型钢模全跨一次浇筑成型。

4.电缆槽盖板、桥面制作安装部分施工

电缆槽盖板采用集中预制，由汽车吊吊至桥面，配合人工安装。栏杆、围栏、吊篮等现场制作、安装。应安装牢固，平顺美观。

5.遮板的预制及安装

采用厂制定型钢制模板，按遮板平躺进行预制，使外露混凝土与钢模板直接接触，可保证外露混凝土棱角分明，轮廓清晰，加之振捣深度降低，容易将气泡引出，可保证混凝土表面平滑。遮板由汽车运至现场，汽车起重机吊装临时固定，人工精调，通过预留钢筋与竖墙预埋钢筋绑扎后现浇混凝土安装于桥面。

6.电缆槽竖墙和接触网支柱基础施工

在防护墙的外侧分别设置信号槽、通信槽、电力电缆槽，电缆槽由竖墙和盖板组成，竖墙采用现浇施工。梁体现浇时在相应部位预埋钢筋，保证梁体与竖墙连成整体。接触网一般支柱基础及下锚拉线基础同电缆槽竖墙一同灌筑。

（二）框架桥施工方法及工艺

本标段设计有 5 632.44 顶平米框架桥，2 座框架中桥，12 座框架小桥。本标段框架桥施工利用就近的拌和站集中供应混凝土，混凝土搅拌车运输，人工配合吊车入模。钢筋在钢筋加工厂集中加工，用平板车运至施工现场，进行绑扎成型。水泥砂浆采用砂浆搅拌机拌和，另采用大块钢模板。

1. 基础施工

基坑采用挖掘机开挖，基底预留 20～30 cm 人工清底，保证原状地基不受扰动。有地表水时利用围堰防护明排或修导流坝导流；基坑内设排水沟和集水井排水，保证坑底干燥；挖至基底标高时，按照地质资料核实地层土质，并用本段路基的地基处理方式进行处理；基底施工完毕报请监理复检批准后，迅速进行基础施工，防止晾槽引起水浸和风化影响地基承载力。

2. 框架桥身浇筑

框架桥身浇筑，先底板，再边墙及顶板。

（1）底板浇筑。垫层浇筑后在其层面测放中心线、边线并画出底层钢筋分布线，依线位绑扎钢筋，安装底板外围模板。上下层钢筋间设置钢筋马凳加以固定，保证在浇混凝土时不发生变形移位。底板一次整体浇筑，不留施工缝，用振捣棒、平板振捣器捣实，罩塑膜保湿养护。

（2）边墙浇筑。双层网片筋间设置撑铁，以固定间距；撑铁用 ϕ10 mm 钢筋制成，梅花形布设，间距 1 m；按规定绑扎砂浆垫块以保证保护层厚度。竹胶板大板模拼装前应表面清净，拼装板缝间夹软塑纸以确保拼缝严密不漏浆。施工缝处继续浇混凝土时，已浇筑的混凝土必须具有足够的强度，并凿除浮浆、软弱层，冲洗洁净，润透水，清除钢筋上的干浮浆和杂物。浇筑混凝土时先铺一层 3～5 cm 厚与混凝土相同配比的砂浆（混凝土去掉石子），两边墙对称、分层浇筑，每层厚度控制在 40 cm 以内，并阶梯式斜面推进，竖向一次浇筑完成。混凝土落高超过 2.0 m 时采用串筒；振捣棒插点间距不大于 50 cm，快插慢拔，振动到表面泛浆无气泡为止；分段设专人振捣，技术人员跟班作业，避免欠、漏捣。混凝土罩塑膜保湿养护。

（3）顶板浇筑。在两侧边墙浇筑后自中部向两端、全断面一次整体浇筑完成。模板拼缝间夹软塑纸以确保严密不漏浆。混凝土浇筑时铺设走道板，施工人员不得踩踏钢筋。采用振捣棒、平板振捣器捣固混凝土，罩塑膜保湿养护。混凝土强度满足设计要求后自跨中向两侧拆架。

3.沉降缝、防水层

首先清除沉降缝内杂物，然后沿箱身方向分节进行沉降缝施工作业，并保证节与节之间的沉降缝贯通。防水层的各种涂料在涂刷之前充分搅拌均匀，并随配随用，当天用完。沉降缝、防水层施工完毕后由主管技术人员填写检查证，在自检合格后，通知驻地监理工程师检查签证，否则不得回填土方。

第六节　该项目主要技术及控制措施

一、高性能混凝土施工技术措施

（一）施工前准备

（1）制定施工全过程和各个施工环节质量控制内容与质量保证措施，并提前完成全部原材料品质指标检验及配比选定，形成相应技术文件。

（2）混凝土工程正式施工前，针对以下内容形成正式的技术文件：

①混凝土原材料的质量要求及管理措施。

②落实混凝土配合比设计所提出的特殊要求的具体措施。

③混凝土施工过程中搅拌、运输、浇筑、振捣、养护等关键工序的施工质量要求及其实现措施。

④混凝土耐久性专项检查的方法、设备以及试验人员培训。

⑤对施工试件的制样和养护所作出的明确规定。

⑥预应力结构和连接缝施工专门操作细则和质量检验标准。

（3）混凝土施工前，确定并培训专门从事混凝土关键工序过程施工的操作人员和记录人员。

（4）混凝土工程正式施工前，针对不同混凝土结构特点和施工季节、环境条件进行混凝土试浇筑，发现问题及时调整。

（二）原材料管理

（1）混凝土原材料按技术质量要求由专人采购与管理，采购人员和施工人员之间对各种原材料有交接记录。

（2）混凝土原材料进场后，对原材料的品种、规格和数量以及质量证明书等进行验收核查，并按有关标准的规定取样和复验。原材料经检验合格后方可进场。对于检验不合格的原材料，按有关规定清除出场。

（3）混凝土原材料进场后，及时建立"原材料管理台账"，主要包括进货日期、材料名称、品种、规格、数量、生产单位、供货单位、质量证明书编号、复试检验报告编号及检验结果等。原材料管理台账填写正确、真实、项目齐全。

（4）混凝土用水泥、矿物掺和料等采用散料仓分别存储。袋装粉状材料在运输和存放期间用专用库房存放，且特别注意防潮，不得露天堆放。

（5）混凝土用粗骨料要求分级采购、分级运输、分级堆放、分级计量。

（6）不同混凝土原材料有固定的堆放地点和明确的标识，标明材料名称、品种、生产厂家、生产日期和进场日期。原材料堆放时有堆放分界标识，以免误用。骨料堆场事先进行硬化处理，并设置必要的排水措施。

（三）配合比

混凝土配合比参照现行标准，通过对混凝土工作性能、力学性能、耐久性能以及抗裂性能进行对比试验后确定。

（1）选用低水化热和低碱含量的水泥，尽可能避免使用早强水泥和高 C_3A 含量的水泥。

（2）选用吸水率低、空隙率小的洁净骨料。

（3）适量掺用优质粉煤灰、磨细矿渣粉等矿物掺和料或复合矿物掺和料。

（4）采用具有高效减水、适量引气、能细化混凝土孔结构、能明显改善或提高混凝土耐久性能的专用复合外加剂。

（5）限制混凝土的最低强度等级、最大水胶比、最小水泥用量、最低胶凝材料用量和最大胶凝材料用量。

（6）尽可能减少混凝土胶凝材料中的水泥用量。

（四）搅拌

（1）混凝土原材料严格按照施工配合比进行准确称量，其最大允许偏差应符合下列规定（按重量计）：胶凝材料（水泥、矿物掺和料等）±1%；专用复合外加剂±1%；粗、细骨料±2%；拌和用水±1%。

（2）搅拌混凝土前严格测定粗细骨料的含水率，准确测定因天气变化而引起的粗细骨料含水量变化，以便及时调整施工配合比。含水量每班抽测2次，雨天随时抽测。

（3）采用强制搅拌机搅拌混凝土，电子计量系统计量原材料。投料顺序为细骨料→水泥→矿物掺和料和专用复合外加剂→水→粗骨料，搅拌至均匀为止。上述每一投料阶段的搅拌时间不少于30 s，总搅拌时间不少于3 min。

（4）拌制第一盘混凝土时，可增加水泥和细骨料用量10%，保持水胶比不变，以便搅拌机持浆。

（5）炎热季节搅拌混凝土时，采取在骨料堆场搭设遮阳棚、采用低温水搅拌混凝土等措施降低混凝土拌和物的温度，或尽可能在傍晚和晚上搅拌混凝土。

（五）运输

（1）在运输混凝土的过程中，保持运输混凝土的道路平坦畅通，保证运输过程中混凝土的均匀性，运到浇筑地点时不分层、不离析、不漏浆，并具有要求的坍落度和含气量等工作性能。

（2）运输混凝土的过程中，对运输设备采取保温隔热措施，防止局部混凝土温度升高。采取适当措施防止水分进入运输容器或蒸发，严禁在运输混凝土的过程中向混凝土内加水。

（3）尽量减少混凝土的转载次数和运输时间。从搅拌机卸出到浇筑完毕的延续时间应以不影响混凝土的各项性能为准。

（4）采用搅拌罐车运输混凝土，到达浇筑现场时，将搅拌罐车高速旋转 20~30 s，再将混凝土拌和物喂入泵车受料斗或混凝土料斗中。

（5）采用混凝土泵输送混凝土时，要特别注意如下事项：

①泵送混凝土的坍落度尽量小。

②泵送混凝土时，输送管路起始水平标段长度不小于 15 m。

③向下泵送混凝土时，管路与垂线的夹角不小于 12°。

④混凝土一般在搅拌后 60 min 内泵送完毕，且在 1/2 初凝时间内入泵，并在初凝前浇筑完毕。

⑤因各种原因导致停泵时间超过 15 min 时，每隔 4~5 min 开泵一次，正转和反转两个冲程，同时开动料斗搅拌器。

⑥如停泵时间超过 45 min，应将管中混凝土清除。

（六）浇筑

（1）浇筑混凝土前，针对工程特点、施工环境与施工条件事先设计浇筑方案，包括浇筑起点、浇筑进展方向和浇筑厚度等；混凝土浇筑过程中，不得无故更改事先确定的浇筑方案。

（2）浇筑混凝土前，指定专人重复检查钢筋保护层垫块的位置、数量及紧固程度；侧面和底面的垫块至少为每平方米 4 个，绑扎垫块和钢筋的铁丝头不得伸入保护层内；确保钢筋的混凝土保护层厚度，使用定制的保护层定位夹；当采用细石混凝土垫块时，其抗腐蚀能力和抗压强度应高于构件本体混凝土，且水胶比不大于 0.35。

（3）混凝土入模前，测定混凝土的温度、坍落度和含气量等工作性能，只有拌和物性能符合要求的混凝土方可入模浇筑。

（4）混凝土浇筑时的自由倾落高度不得大于 2 m，当大于 2 m 时，采用滑槽、串筒、漏斗等器具辅助输送混凝土。

（5）预制梁斜向分层、水平分段，连续浇筑，不得随意留置施工缝。

（6）在炎热季节浇筑混凝土时，混凝土入模前模板和钢筋的温度以及附近的局部气温均不得超过 40 ℃；在低温条件下，应采取适当的保温防冻措施；在相对湿度较小、风速较大的环境下浇筑混凝土时，采取喷雾、挡风等措施，避免浇筑有较大暴露面积的构件。

（7）浇筑如承台等大体积混凝土结构前，根据结构截面尺寸大小预先采取必要的降温防裂措施，如搭设遮阳棚、预设循环冷却水系统等。

（8）采取必要措施以保证新浇混凝土与邻接的已硬化混凝土或岩土介质间的温差不大于 20 ℃。

（9）浇筑预应力混凝土梁时，采用快速、稳定、连续、可靠的浇筑方式一次浇筑成型。

（10）在预应力混凝土梁体浇筑过程中，随机取样制作混凝土强度和弹模试件，试件制作数量应符合规定。

（七）振捣

（1）混凝土振捣采用插入式高频振捣棒、附着式平板振捣器、表面平板振捣器等振捣设备。预应力混凝土梁采用侧振并辅以插入式振捣器振捣。

（2）混凝土振捣应按事先规定的工艺路线和方式进行。

（3）采用插入式高频振捣器振捣混凝土时，采用垂直点振方式振捣。混凝土较黏稠时，加密振点分布。每点的振捣时间一般不超过 30 s，避免过振。

（4）在振捣混凝土的过程中，加强检查模板支撑的稳定性和接缝的密合情况，以防漏浆。混凝土浇筑完后，仔细抹面压平，抹面时严禁洒水。

（八）养护

（1）混凝土振捣完毕后，应及时采取适当的保温保湿措施对混凝土进行养护。

（2）当新浇混凝土具有暴露面时，先抹平，再用麻布、草帘等覆盖，并及时喷雾洒水，保湿养护 7 d 以上。待水泥水化热峰值过后，若需撤除麻布或草帘，要再用塑料薄膜将暴露面紧密覆盖 14 d 以上（塑料薄膜与混凝土表面之间不得留有空隙），直至下道工序为止。

（3）当混凝土强度满足拆模要求，且芯部混凝土与表层混凝土之间的温差、表层混凝土与环境之间的温差均不大于 15 ℃时，方可进行拆模。

（4）拆模后，迅速采取切实措施对混凝土继续进行后期养护。采用麻布、草帘等覆盖或包裹暴露面混凝土，再用塑料布或帆布等将麻布、草帘等保湿材料包覆（裹）完好。包覆（裹）期间，包覆（裹）物完好无损，彼此搭接完整，内表面具有凝结水珠。

（5）在寒冷和炎热季节，采取适当的保温隔热措施，保证养护期间混凝土的芯部与表层、表层与环境之间的温差不超过 15 ℃。

（6）新浇筑的混凝土与流动的地表水相接触前，采取临时保护措施，直至混凝土获得 50% 以上或 75% 以上（当环境水具有侵蚀作用时）的设计强度，且保温保湿养护时间不少于 14 d。养护结束后及时回填。

二、大体积混凝土温控防裂技术措施

（一）减少混凝土的水化热，降低混凝土的内部温度

选用低水化热水泥；采用中粗砂和连续级配碎石，运用双掺技术在混凝土中掺加复合型外加剂和优质粉煤灰，减少绝对用水量和水泥用量，改善混凝土的和易性与可泵性，延长缓凝时间，减慢水泥水化热释放速度，推迟和降低混

凝土内部的升温峰值；采取洒水降温的方法，降低混凝土骨料、拌和水、拌和机及混凝土运输车搅拌筒的温度，以降低混凝土入模温度；采用连续薄层斜面推移的方法灌注混凝土，并采取二次振捣的方法加快混凝土热量散发，使混凝土内部的温度分布均匀；在混凝土凝固前二次收浆、压抹，消除表面收缩裂缝。

（二）排出混凝土内部的热量，降低混凝土内部的温度

将循环冷却水管预先埋设在混凝土内部，根据结构尺寸分层曲折布置，每层上下设进出水口，并在结构不同位置和不同深度留出测温孔。混凝土灌注后立即通冷水循环散热，定时测温，待混凝土内外温差小于 15 ℃时停止注水。在混凝土表面采取保温、隔热措施，加强自然养护，控制混凝土内外温差及混凝土表面与空气的温差。在炎热的夏季可以用帆布、湿麻袋等遮挡模板隔热，在冬季用棉被或吸光材料（如黑塑料）围裹模板保温，防止混凝土表面温度受环境因素影响（如暴晒、气温骤降等）而发生剧烈变化，保证养护期间混凝土的芯部与表层、表层与环境之间的温差不超过 15 ℃。

（三）加强施工过程控制

对原材料的质量加强检验、控制，所用原材料质量必须符合规定的要求，计量偏差必须控制在规定的允许偏差范围之内。原材料按技术条件的要求进行检验，采用自动化电子计量系统计量。加强混凝土拌和物的质量控制，保证拌和物的匀质性、施工的连续性。加强混凝土养护，采取必要的保温、隔热措施，控制混凝土内外温差及混凝土表面与空气的温差。建立奖惩激励制度、值班制度，责任到人，确保施工的全过程处于受控状态。

（四）保证桥涵质量达到设计要求

（1）根据工程所在地区的环境条件，优选混凝土配合比，并严格按配合比试验确定的技术参数控制施工。

（2）混凝土全部采用自动计量装置的拌和站集中拌制，拌和时按重量比准确控制拌和料用量、控制水灰比，拌和时间符合桥涵施工技术规范要求。

（3）混凝土采用搅拌运输车运输，运到现场的混凝土满足混凝土和易性要求。

（4）浇筑混凝土时必须保证混凝土本身的密实性，不产生离析现象，均匀填充模板不使混凝土表面产生蜂窝麻面现象，保证保护层的厚度。施工措施如下：混凝土浇筑的自由倾落高度不超过 2 m，否则采取滑槽、减速串筒等设备，使混凝土在规定降落高度内均匀降落。混凝土分层浇筑，分层厚度由振捣类型和结构物性质决定。必须选用经验丰富的捣固工进行捣固，保证混凝土密实。为保证混凝土的整体性，尽可能连续浇筑，允许间歇时间以混凝土尚未初凝或振捣器能顺利插入为准。

（5）为减少混凝土硬化和干燥收缩引起的裂缝，按期达到设计强度，在浇筑后一定时间内使混凝土保持适当的温度和湿润状态，混凝土终凝后就开始养护。当周围大气温度与养护中的混凝土表面温度之差超过 20 ℃时，混凝土必须覆盖保湿。

（6）混凝土达到拆模强度后拆模，拆模期限和要求：非承重模板在混凝土强度大于 250 N/cm² 或棱角不因拆模而损伤时方可拆模；承重模板在混凝土达到设计强度时才可拆模；拆模时先拆非承重模板后拆承重模板，且不得使混凝土受到振动。

（7）钢筋进场后进行验收检查，合格后方可使用。钢筋的根数、直径、长度、编号排列、位置等都要符合设计的要求。钢筋接长采用闪光对焊并进行纵向打磨加工，当纵向打磨加工有困难时采用双面搭接电弧焊，钢筋接头的位置符合施工规范规定的同一截面不超过总面积 50% 的要求。钢筋焊接必须由经过培训合格且经验丰富的焊工操作，每个焊缝必须经严密的质量检验，确保完全合格。为确保焊接质量，施焊前要做焊接试验，合格后方可成批焊接。

（五）保证桥涵质量达到设计要求

（1）测量工作应贯穿施工全过程，以确保桥涵各部位尺寸、标高符合设计和现行的桥梁施工技术规范要求，减少人为错误。

（2）模板尽可能采用特别加工的分节拼装式钢模板。为保证结构尺寸和外观平整，模板采取经过考察、有资质证书的钢结构构件加工厂加工制造，出厂时要严格进行检查，不符合规范规定标准的不予验收。设计模板时，要保证其有足够的强度、刚度和稳定性，能可靠地承受施工过程中可能产生的各项荷载，以免浇筑混凝土时跑模、走样，保证墩台各部形状、尺寸准确。为了保证模板不漏浆，接缝处须打磨平整、光洁，缝隙处用海绵条夹塞，分节处用高强螺丝拧紧，保证接缝严密不漏浆。模板必须按施工设计要求进行安装，不得任意变动，对拉螺栓及各受力支撑的实际安装位置与模板施工设计规定相差不得超过 50 mm，否则应进行验算。模板采用多方位斜拉固定方式固定，确保浇筑混凝土时钢模不能移位。

三、大跨连续梁施工过程中线形控制措施

（一）连续梁竖向线形控制

首先确定立模标高，箱梁悬灌的各节段立模标高按下式确定：

$$H_1 = H_0 + f_i + (-f_{i预}) + f_{篮} + f_x$$

式中，H_1 为待浇段箱梁底板前端处挂篮底模板标高（张拉后）；H_0 为该点设计标高；f_i 为本施工段及以后浇筑的各段对该点挠度的影响值，该值由设计图纸提供，实测后进行修正，按经验修正系数为 0.5~0.9；$f_{i预}$ 为本施工段顶板纵向预应力束张拉后对该点的影响值，由设计图纸提供，但需实测后进行修正，据经验本桥修正系数为 0.8~1.0；$f_{篮}$ 为挂篮弹性变形对该灌注段的影响值，由挂篮结构和构造决定，本桥由挂篮静载试验现场实测获得；f_x 为由混凝土的徐

变、收缩、温度、结构体系转换、二期恒载、活载等影响产生的挠度计算值，其中徐变、收缩值按 1 个月内完成的节段考虑。为保证梁轴线、高程的施工精度，及时准确地控制和调整施工中发生的偏差值，应制定一套严格的测量控制程序作为保证。

（二）动态跟踪控制

作为悬臂施工的预应力混凝土连续梁，从施工到运营要经历多种引起梁体线形变化的因素影响，这些因素主要有结构自重、结构附加荷载、预加应力、收缩、徐变、活载、施工荷载、温度等。定量分析上述因素影响并达到线路的精度要求是有一定难度的，因此在施工过程中除要严格控制混凝土拌制质量和预加应力的施工工艺，尽量减少混凝土弹性模量、收缩、徐变、预加应力值与设计值之间的偏差外，还应采取计算程序进行动态跟踪控制。连续梁悬臂施工中要在设计给出的理论挠度值的基础上，通过测得各种材料的实际参数（混凝土弹模、强度、容重、坍落度、挂篮变形、温度等）和实际梁段位移，采用大跨度预应力混凝土梁桥施工动态跟踪程序 TRBT 计算并调整梁端立模标高，确保其合龙后的线形符合设计。

第四章 铁路隧道施工相关技术与管理

第一节 铁路隧道施工测量技术

一、铁路隧道施工测量的重要性

我国有着广阔的国土,且在诸多区域中地势比较险峻,此种状况给我国铁路工程建设带来了很大的困难。为了能够缩短铁路起点和终点的距离,通常需要使用修建隧道的方法。在对铁路隧道进行施工的过程中,测量工作至关重要,其不仅能够保证铁路隧道工程的顺利完工,还能够保证施工质量,但前提是一定要保证施工测量数据的准确性,才能够实现以上作用,为整个工程施工过程中的安全性打下良好的基础。除此之外,控制好铁路隧道施工测量工程的精确性还能够避免出现资源浪费的情况,避免工程因为各种因素而出现返工。总的来讲,在铁路工程中做好隧道施工测量工作对于我国铁路行业在未来的发展有着重要的意义。

二、铁路隧道施工测量的现状

铁路隧道施工测量工作有着很强的专业性，由于具体的施工环境不是很好，测量工作在进行的过程中难免会受到诸多影响，从而导致测量的结果和实际存在一定的误差。就当前状况来看，在进行铁路隧道施工测量的过程中主要存在的问题有以下三点：一是相关工作人员有着很大的流动性，且在对仪器进行管理的过程中也没有完善的标准，较为混乱。出现工作人员流动性大的主要原因是工资和工作的强度之间存在差距，同时工作人员也很难得到职位晋升等，从而出现大量工作人员流失。二是施工测量企业中所使用的仪器设备相对落后，且在数量上比较少，在此种状况下要想保证测量精度是非常困难的，同时在具体测量过程中也没有根据实际状况做好相关仪器的检校，在保养上也不是很重视，从而使得仪器出现不同程度的磨损、受潮。三是相关的施工单位没有重视铁路隧道施工测量工作，且没有给予充分的资源配置，导致测量结果的精准度降低。

三、铁路隧道施工测量技术要点

（一）建立隧道测量坐标系统

在铁路工程项目施工过程中，超过 500 m 的曲线隧道占很大一部分，甚至有的隧道曲线长度已经超过了 1 000 m，在此种状况下，需要对贯穿精度进行明确之后再对坐标系统进行明确。因此，不但要合理考虑综合施工方案，还要明确两段线路能不能合理地衔接，且要根据施工的具体状况，选择出适合工程的平面坐标系统。一般情况下，要根据工程的实际状况建立独立的坐标系统；为了能够更加有效地提升测量工作的效率，还需使用常规测量网，从而对平面坐标系统进行完善，做好铁路隧道施工测量的准备工作，为后期的工作打下基础。

（二）布设隧道控制网

在隧道中进行控制网布设的主要作用是保证两侧相向施工的顺利进行，使隧道能够顺利贯通，所以在对控制网进行布设的过程中一定要控制好精度。为了提升控制网布设的精度，要根据隧道的实际状况来选择合适的控制网形式。其中比较常用的主要有三种，分别为三角网、导线网及 GPS 网。其中精度最高、使用最为广泛的是 GPS 网；而在一些地势比较复杂的区域，通常会选择使用三角网；在地势比较平坦的区域通常会使用导线网。

（三）估算贯通误差

在铁路隧道施工过程中贯通误差是比较常见的问题之一，通常状况下，如果在具体施工过程中出现了贯通误差，不但会对隧道工程的质量产生影响，还会为工程施工埋下安全隐患。要想避免此类问题的出现，关键是要做好误差工作的估算，只有这样才能使得隧道工程施工更加顺利，避免由于工期的延误而给工程项目带来损失。

（四）洞外控制测量

在控制隧道外测量的过程中，对直线隧道和曲线隧道的长度和贯入精度也有一定的要求。只有保证满足要求，才能进行平面测量设计。在直线隧道施工中，隧道外测量的主要任务是获取隧道两端的精确点和平面的位置，同时测量隧道的方向；而在弯道隧道施工中，隧道外测量的目的是计算弯道转向的转角和端部控制桩的位置。精密线法是隧道施工中常用的外部控制测量方法之一，它使用导线法来建立外部控制。精密线法的关键是确定导线点的位置，一般需要考虑场地和隧道数量。在应用精密导线法的过程中，导线的最短边长不应小于 300 m，为减小测量误差，应尽量采用长边。通常采用定向观察法来观察精密线材法的水平角度。如果有两个水平角度，则需要采用奇数轮、偶数轮的方法进行观察，以减小仪器误差造成的不利影响。

（五）施工放线

布设施工线的主要目的是明确隧道的平面和垂直开挖方向。在实际工作中，要充分结合具体的图纸来确定施工点的位置。施工和布置过程烦琐，重复性强。由于隧道中控制点的距离一般较长，难以满足日常工作的要求，因此有必要在于隧道内设置控制网的基础上，利用分支导线对临时控制点进行测量，并结合后方交会的方法进行施工放线测量。在开挖线的测量和拱架支座的测量中，要保证测量随时进行，减少工序的连接时间，保证施工进度。在应用后方交会的过程中，要合理选择临时控制点，同时保证控制点的稳定性。临时点的位置一般在两侧墙体和两侧夹角处，并要保证施工线的准确性。

（六）监控量测

在铁路隧道施工当中做好监控测量工作能够保证隧道工程施工的安全性。以往对铁路工程施工进行监测所采用的是顶倒挂尺或者钢尺收敛仪，这两种工具设备在具体使用过程中有着诸多的局限，特别是在现场进行操作时有着一定的难度。随着信息技术的快速发展，当前光电测距技术被广泛应用在铁路隧道施工测量过程中，其主要是使用全站仪以及反光片来组建观测系统，实现监控测量自动化，使得复测更加方便。除此之外，还需要根据设计的频率来做好各种数据的监控测量，并生成图表，根据其中数据的变化状况来对隧道周边岩石的稳定性进行分析和判断。

四、铁路隧道施工测量的注意事项

（一）提高隧道横向贯通精度的措施

当线路控制网的点位密度和精度不能满足隧道外的控制测量和贯入要求时，应建立独立的隧道施工控制网。独立控制网的精度是根据隧道的长度和相应的穿透误差要求来确定的。建立独立控制网时，应进行洞外、洞内测量误差引起的贯通误差估计，观测精度及测量网形应进行专项设计。在目前的铁路控制测量模式下，隧道控制测量洞外优先采用 GNSS 测量方法，洞内采用交叉导线测量方法。当隧道洞口位于峡谷、深沟等卫星观测遮挡严重的困难地段时，洞口控制点往往无法满足 GNSS 观测条件要求，可只布设 1 条对空通视良好、精度高的 GNSS 定向联系边，用于向洞内传递洞外测量成果。但为满足施工测量需要，洞口不能少于 3 个平面控制点。在这种情况下，可增设 2 个导线点，与卫星定位点定向联系边一起构成洞外施工控制网。多源构网适用于在洞口附近空旷处布设 3 个卫星定位点，以导线网或三角形网方式传递控制点进洞。在施工进洞时，洞门附近加密 1 个卫星定位点，纳入导线进行结点平差，保障进洞导线的精度。

（二）创新施工控制测量的管理模式

要想做好铁路隧道施工测量工作，对测量管理模式进行创新是必不可少的，其中可以根据开通运营铁路和在建铁路工程测量管理工作统计，第三方评估咨询往往仅对设计院移交给各个标段控制网 CP0、CPⅠ、CPⅡ、CPⅢ成果进行技术咨询，对于施工过程中隧道口加密点及施工洞内导线不单独进行评估和检测，施工控制测量过程和成果质量由各标段自己负责。为确保长大隧道准确贯通，全线长大隧道均应统一规划建立施工独立控制网。测量技术设计书编制、隧道贯通误差估计、洞外平面控制网、洞内施工导线测量及洞内外高程控制网等一系列隧道施工控制测量工作应纳入第三方评估验收。严格落实第三方检测制度，尤其对洞内施工导线进行第三方高精度检测及评估是确保施工导线质量的关键一环。可效仿其他行业为重大工程专门设置测量中心，实行测量管理专岗制度，避免测量成果管理和使用不当造成损失。测量成果信息化管理方面，应探索面向精测网数据资源的新型数据管理与服务模式，搭建精测网成果数字化平台，实现全生命周期精测网成果的标准化、信息化管理。针对精测网结果数据类型多样、空间复杂的特点，应采取具有针对性的解决措施，确保精测网大数据高效组织与表达。通过对各类、各种样式数据的分析，在对用户进行行为分析的基础上，挖掘出不同用户的需求并提取关键词制作元数据，设计数据模型进而构建数据库，以便建立起集成化的数据管理系统，形成具有整体感的数据库，对精测网数据进行高效存储和管理。对精测网测量业务流程进行管理，包括逾期未复测提醒、测绘机构名录的动态管理（针对各标段委外或自有独立法人的测绘队伍）、主要技术人员资质上报核查、测前仪器设检定到期提醒、技术方案（交底）上报审批、仪器检定证书上传、控制桩状态更新提示（新增、停用、转移）、成果评估验收、履约考评等事务性工作管理。

在铁路隧道施工过程中一定要做好施工测量工作，通过测量工作和监控工作来保证工程质量以及施工过程中的安全。同时在施工测量过程中还要做好相应的管理工作，从而保证测量工作人员的人身安全，避免在施工测量工作进行过程中出现意外状况。

第二节 浅埋暗挖法隧道施工技术

在传统隧道工程建设中，明挖法的运用比较广泛，但由于铁路隧道工程规模较大，包含内容颇多，使得该技术在应用过程中经常出现各种各样的问题，对施工进度和质量影响很大。因此，行业人员进行了深入研究，通过对施工技术进行改进和优化，提出了浅埋暗挖法隧道施工技术。将该技术运用到铁路隧道施工中，不仅可以提升施工效率，还能提高施工质量。故而浅埋暗挖法隧道施工技术值得进一步推广应用。

一、浅埋暗挖法隧道施工技术的优势分析

（一）浅埋暗挖法隧道施工技术简述

在铁路隧道工程建设中，针对第四纪软弱地层，浅埋暗挖法隧道施工技术的应用较为常见。与传统的施工方法不同，浅埋暗挖法隧道施工技术主要是对地层进行加固和处理，根据工程实际情况，对围岩部分的重量进行科学调整，然后与初期支护结构形成完整的支护体系，起到承担负荷载重的作用。在利用浅埋暗挖法隧道施工技术施工阶段，地层和环境会对其产生一定干扰。为提升施工效果，在具体施工环节，需要根据监测到的信息数据，制订有针对性的施工方案，保证工程设计能与实际施工需求一致，保证施工质量。

（二）浅埋暗挖法隧道施工技术的优势

与传统的施工技术不同，浅埋暗挖法隧道施工技术对施工质量的提升有很大促进作用。

1.适应性强

与普通的工程项目相比，隧道工程施工建设期间，施工条件比较恶劣，面临的地质条件类型多种多样，施工操作难度很大。因此，如果不能依照实际情况，有针对性地制订施工计划，必然会在一定程度上对施工质量及安全产生影响。实践得知，在隧道施工中应用浅埋暗挖法，可以适应各种复杂地质环境，施工便利，能保证隧道工程顺利完成。

2.操作十分简单，便利性很强

浅埋暗挖法开展隧道工程施工工作，对技术没有太高要求，施工操作简单便利，施工效率高。在利用浅埋暗挖法进行施工期间，首先要将勘查工作做到位，结合工程项目的具体建设要求，将采集的数据信息作为基础，合理地进行降水分析，科学制订施工计划，保证后续施工工作有序进行。在进行隧道施工

期间，水位应该严格控制，以便开挖施工能在一个良好的环境下进行，坚决不能有反水现象存在。通过使用浅埋暗挖法，借助敷设井降水技术手段，不仅能保证施工效果，还能降低施工成本。

二、浅埋暗挖法隧道施工技术的应用原则

要充分发挥浅埋暗挖法的作用，应该结合工程的具体建设情况，严格依照施工技术规范进行。

（1）围绕浅埋暗挖施工作业现场的地层情况以及施工机械设备配置现状，结合现有建筑物特征，对开挖方式进行科学选择，合理利用。针对较为常见的大地层断面或者地质条件比较差的情况，可以将分部正台阶开挖法与辅助工法整合起来，高效应用。若地层断面不大且地层的条件非常好，应该优先选择全断面开挖工法，以提高施工效率。

（2）在开挖操作期间，需要重视辅助工法的运用，根据具体情况，有侧重地对大断面开挖工法加以利用。

（3）在铁路隧道开挖时，施工技术人员对通风状态要加大监测力度，对施工内部和外部环境进行协调，分配好施工人员，以便施工作业能顺利且有序地实施。

（4）在现场开挖施工阶段，要加强对现代化信息技术的利用，根据对施工现状信息的掌握和分析，对施工工序及进度进行调整，促进隧道施工作业质量的提升。

三、浅埋暗挖法隧道施工技术的控制要点

在实际的铁路隧道施工作业中,难免会遇到非常多的复杂地质环境,这在一定程度上加大了施工难度。施工企业要根据工程实际情况,合理制订施工计划,保证施工效果和效率。

(一)超前支护施工技术

在铁路隧道开挖施工中,支护是极为重要的环节。在超前支护操作阶段,需要将施工方案作为依据,根据铁路隧道施工现场的地质条件,认真进行勘查和分析。同时,对工程现场的施工情况进行实时监测,对开挖面的情况有所了解,明确其稳定性能否满足隧道工程建设的标准。在正式施工期间,结合施工前期勘查获得的数据资料,对建设场地地基土进行拟建,可以涵盖砂质黄土、冲积砂质黄土等。因为隧道工程施工比较特殊,施工环境非常恶劣,存在很多不良地质,如破碎带等,从而增加了工作难度,影响了施工效率。通常对超前支护施工作业,应用导管注浆方式,促进施工效果的提升。在对小导管材料进行选择时,直径参数应控制在 40 mm 左右,长度尽可能控制在 2.5～3 m,搭接长度在 1.5 m。在对浆液材料进行选择应用时,要将地质条件作为参考依据,保证材料应用的合理性。此外,在作业阶段,应加大试验力度,科学地对浆液进行配比,以便所应用的材料都能与铁路隧道施工建设标准和需求相一致。

(二)开挖与支护施工技术

在铁路隧道开挖施工操作阶段,应结合施工现场情况,对短台阶法进行合理应用,对台阶长度进行严格控制,但不能超过预期的设计规范。同时,针对核心土的厚度,一定要严格控制在 2 m 以上。在隧道暗挖操作环节,将核心土预留出来,以便能让开挖面变形问题得到有效控制,让开挖作业现场土体具有较强的稳定性及牢固性,从根源上降低塌陷问题出现的概率。此外,对预留核

心土高效利用,并提前布置拱部钢架,过渡到下道工序。为增强施工有效性,在实际施工阶段,还要对台阶进行设置,让其产生土压力作用,对工作面进行有效支挡,使得作业面的稳固程度能与工程设计相一致。对短台阶进行设置,能为人工翻渣作业的进行提供很大便利,有利于后续施工效率的提升。值得注意的是,在铁路隧道施工期间,必须对施工现场周围环境进行综合考量,确保施工环境的安全可靠,认真分析地质条件,对地下水等环境加以明确,然后有针对性地制定防范对策,及时对相关数据信息进行采集,以保证能够精准掌握各类数据,从而促进开挖与支护施工工作的稳定开展,为工程整体质量的提高打下坚实基础。

(三)沉降控制技术

要充分发挥浅埋暗挖法的作用,就应该将工程监测做好。由于铁路隧道施工环境通常比较复杂,在施工阶段如果出现地面沉降问题,而施工人员重视程度不足,不可避免地会引发很多安全问题。因此,在实际施工期间,一旦发现有地面沉降情况出现,必须第一时间制定应对办法,科学地进行处理,确保沉降不再蔓延,并采取措施适当增加地层硬度,降低地层运动问题出现的概率。在浅埋段大管棚段施工操作阶段,由于受到应力释放、水土流失等因素影响,导致沉降问题出现,须根据施工现场状况,有针对性地制定管控办法;要做好现场测量以及作业管理,控制成孔精度及误差,采取施工监测措施,根据获得的参数进行注浆压力及注浆量的调整,保证沉降问题能得到良好控制。

(四)远程监控技术

若想进一步促进施工效果和质量的提升,可以利用远程监控技术,做好隧道施工作业的实时监控,强化施工质量的把控,及时掌握支护强度及沉降变形量参数变化情况,控制安全事故的发生。从以往的工程实践来看,做好监控量测工作,对优选作业方法、辅助施工作业有着积极的作用。在工程作业全过程,落实监测工作,能够及时发现沉降量变化异常情况并进行补救处理,及时控制沉降问题。

(五）降水技术

铁路隧道工程建设期间，水文地质质量的差异对工程质量会产生非常大的影响。从工程建设的角度分析，在水文地质不能满足既定的标准和要求的情况下强行施工，不仅会降低施工的整体质量，还会引发一系列的问题，无法保证施工安全，若情况严重，很有可能出现安全事故。因此，应从根源上加大对降水的控制和利用，在满足施工用水需要的同时保证施工安全。

在铁路隧道施工建设期间，对浅埋暗挖法隧道施工技术加以利用，可以弥补传统明挖法存在的不足，也能促进施工效率的提高，对工程施工质量的增强有很大促进作用。因此，为保证隧道施工作业有序进行，应该在充分考量工程实际建设情况的基础上，强化对浅埋暗挖法隧道施工技术的应用和推广。

第三节　铁路隧道防水施工技术

一、铁路隧道防水施工技术的内容

（一）灌浆止水技术

灌浆止水技术的最大优点是防水性强。按照操作规范，事先对孔口管进行预埋，做好灌浆的控制和连续工作，可通过管道灌浆实现防水的目的。而灌浆止水技术一定要做好材料的选择工作，如果材料选择不当，则会影响防水效果，无法达到预期的防水设计目标，影响后续的隧道施工。

（二）防水层施工技术

防水层施工技术具有很高的灵活性，可根据实际施工条件对防水板的包裹层和接缝进行防渗处理，但受人为因素的影响很大。在防水板接缝处进行防渗漏处理时，技术要求较高，在施工过程中如果操作人员操作不当，可能会导致焊接漏水或搭接处断开。在修建铁路隧道的过程中，工作量大，难以维持各个断面的高水平施工，自然环境的变化也会影响施工质量和工期，导致隐蔽性高。例如，在降水多的环境中，由于高湿度而难以焊接防水板，在焊接完成后难以确认防水效果。

（三）施工缝防水技术

施工缝防水技术属于一种防水止水带，能对变形缝进行有效的保护。应用该技术时，须借助施工缝所用的防水材料，如橡胶止水带、钢板止水带等。该技术的应用，关键在于如何控制和保证设置的止水带等防水设备通过抵抗列车风荷载反复作用的抽吸作用，不发生脱落，实现良好的防水、止水效果以及安全性、耐久性。在这一过程中，须确保防水材料规格符合要求，严格按规范施工，这样才能有良好的防水性能，充分发挥施工缝防水技术的作用。

二、铁路隧道工程防水施工技术应用

（一）悬挂无纺布

悬挂无纺布是铁路隧道防水工作的重要组成部分，可减少或消除支撑防水板初期施工时侵入底面的毛刺。在隧道工程中，无纺布有助于过滤和防止渗透，促进地下水的排放。通常在铁路隧道工程的防水结构中，无纺布是通过特殊的热熔垫片悬挂起来固定支座的。悬挂无纺布的具体操作流程如下：

（1）在隧道拱顶上标出垂直中心线。

（2）将无纺布从垂直中心线到拱形两侧放在侧壁上。基层用缓冲层固定，可使用钉子等固定。拱门和侧壁有不同的固定点要求，侧壁为梅花形，固定点间距 0.8～1.0 m，需按上、下、左、右的顺序固定。无纺布接缝应为圆形，接缝宽度至少为 50 mm。

（二）铺设防水板

铺设防水板是铁路隧道工程防水施工过程中的重要环节，应根据准确的测量值铺设防水板，确定防水板的尺寸后，将数据信息提供给相关施工单位，提供满足结构要求的防水板。铺设防水板时，须从拱的中心到两侧的侧壁进行作业，并将下板压向上板，使其平滑地重叠，然后焊接固定。焊接前，须先进行试焊接，防止防水板烧毁。若要对墙壁进行压力焊接，需安装防水板。当压力焊接拱门时，应用钢筋将防水板压在第一混凝土表面上，在压力焊接过程中将防水板焊接起来。

（三）固定环、垂直渗透软管

在铁路隧道工程的防水施工过程中，在安装环圈和垂直渗透软管前，先用无纺布包裹。垂直渗透软管可以内翻 2 次，用于防水。为了防止在混凝土喷射过程中喷射浆堵塞结构，在安装圆形透水软管时，有必要以 10 m 的间隔安装，同时为确保集中出水口位置的防水效果，根据实际施工情况，可缩短透水管的安装间隔。在倒置低侧壁结构中，须根据结构要求严格控制侧壁两侧的高度，以利于软管的防水。其中，环底部和垂直可渗透软管的高度应设置得更靠近初始支撑表面。内轨的顶面小于 3 cm，中间环的底面和垂直可渗透盲管的高度应靠近管线侧，距内轨的顶面应设置为 14 cm 或更小，并且不应有反倾角。另外，须连接垂直集水管和可渗透软管。安装垂直集水管时，须使其靠近混凝土底部，并适当设置防水口的倾斜度。连接垂直收集管和可渗透软管后，相关施工人员须遵守施工技术要求并在配置的管道系统中测试。若未阻碍水的流动，则可以倒入混凝土。

（四）安装止水板

在铁路隧道工程的常规防水工作中，通过以下方法来安装止水板：

（1）弯曲止水板为90°，并用插头模板固定。

（2）浇筑混凝土，等待混凝土固化后，取出模板。

（3）拉直弯曲的止水板，倒入挡水板并将其固定到下一部分的混凝土上。

以这种方式安装止水板时，须使止水板弯曲，若重复弯曲，止水板将容易变形，从而影响止水板的效果。因此，为确保止水效果，安装止水板常用以下方法：

（1）从中线开始，将插头模板一分为二。

（2）在2个插头模板的中央安装1个止水器。

通过这两种方式安装止水板，可省略复杂的施工过程，提高止水效果。

第四节　大断面浅埋高速铁路隧道施工关键技术

一、浅埋暗挖隧道施工的技术要点

（一）选择适宜的辅助施工措施

辅助施工措施的选择直接影响工程的施工速度和造价，在安全条件得到保证的前提下，应优先选择简单易行的方法或采用几种方法综合处理。浅埋暗挖法的辅助施工措施较多，常用的有以下几种：

（1）环形开挖留核心土。

（2）喷射混凝土封闭开挖工作面。

（3）超前锚杆或超前小导管支护。

（4）超前小导管周边注浆加固地层。

（5）设置上半断面临时仰拱。

（6）深孔注浆加固地层。

（7）长管棚超前支护或注浆加固地层。

（8）用特殊地层的冻结法加固地层。

（9）用水平旋喷法超前支护。

（10）地面锚杆或高压旋喷加固地层。

（11）降低洞内、洞外地下水位。

（12）洞内超前水平降排水。

其中，注浆加固地层和超前小导管支护是最常用的辅助施工措施，但实施时应注意：

第一，注浆设计应以满足施工工序为主，以从开挖到施喷混凝土的时差作为注浆设计原则，取消为了增加围岩承载力而进行注浆的设计原则。围岩的固结强度和时间要满足施工工序的要求，以便提高施工速度，降低工程造价。

第二，长管棚超前支护，在穿越公路、铁路等相对较短的隧道施工中具有明显的防塌限沉作用，但在相对较长的隧道（如多循环管棚）和含水地层施工中，由于施作管棚形成的过水通道以及多次扰动地层等原因，对限制沉降所起的作用不大，反而会增加沉降（已通过实测得到证实），应多考虑小导管超前支护及其他辅助措施的综合应用，以提高施工速度，降低工程造价。

（二）选择合理的支护参数和施工方法

1.支护要及时

围岩开挖后，地层松动，其承载能力下降，若支护不及时，则会增加作用在支护结构上的荷载，直至坍塌。"早支护"不仅能减小支护结构的荷载，还能避免地层过分变形。

2.采用合理的支护方法

对于浅埋软弱地层，根据以往的实测结果，锚杆的支护作用明显降低，尤其是顶部两侧各30°范围内的锚杆是承压的，且工艺难以保证。因此，在一般情况下可取消该区域的锚杆支护。超前小导管支护在浅埋软弱地层中是一种有效的超前支护形式，其设计原则是在稳定工作面、满足施工要求的前提下，采取短而密的方式布设。小导管长度：第一台阶开挖高度+1.0 m，从方便施工和稳定顶部地层的角度出发，建议第一台阶高度为2.5～2.7 m，小导管长度为3.5～3.7 m，以确保有1 m左右导管插入破裂面以外。

3.喷射混凝土厚度应合理

作为初期支护主体的喷射混凝土，其喷射厚度要合理。混凝土喷得太厚，不利于发挥喷射混凝土材料的力学性能。计算结果显示：当喷射混凝土厚度$d \leqslant D/40$（D为洞径，即洞室开挖宽度）时，喷射混凝土支护接近于无弯矩状态，支护结构性能较好（我国在采用浅埋暗挖法修建地下工程时，喷射混凝土厚度一般控制在20～30 cm）。因此，用增加喷射混凝土厚度的方法来加强支护效果较差，应在喷射方法、喷射混凝土材料、配合比和外加剂上想办法。比如，采用潮喷或以湿喷替代传统的干喷，在喷料中加聚丙烯纤维等，以提高喷射混凝土材料的抗裂性，并减少回弹。所以，研究和应用新材料、新工艺是浅埋暗挖法修建地下工程的重要发展方向。

4.采用正确的施工方法

施工方法选择不当，会严重影响工程施工速度和造价，同时也影响施工安全。根据国内外的经验，仅从工程造价和施工速度来考虑，施工方法的选择顺序应为正台阶法、台阶设临时仰拱闭合法、CD 工法、CRD 工法、眼镜工法。但从施工安全角度考虑，顺序正好反过来。因此，实施过程中应根据地质条件、断面大小、地面环境条件等因素，经综合考虑后慎重选择。一般情况下，当开挖断面宽度大于 10 m 时，应优先采用 CRD 工法或 CD 工法；当开挖断面宽度小于 10 m 时，应优先采用正台阶法；在特殊条件下可考虑采用眼镜工法。实践证明，在无水地质条件下，开挖断面跨度达 12 m 时，采用正台阶法施工也是可行的。台阶长度规定在一倍洞径左右，不再分长台阶、微台阶、短台阶，这在工程实践中已得到验证。

二、大断面浅埋高速铁路隧道仰拱施工关键技术

铁路仰拱在开挖过程中，受到隧道结构受力的复杂性影响，墙底与仰拱连接处的应力较为集中，很容易出现隧道失稳的现象，影响铁路运输的安全性。针对此类问题，研究人员设计了多种仰拱施工技术。其中，基于富水煤系地层的高速铁路隧道仰拱施工技术，与基于预埋套筒＋普通螺纹道钉的高速铁路隧道仰拱施工技术的应用较为广泛。基于富水煤系地层的高速铁路隧道仰拱施工技术，主要是解决富水煤层初期支护不及时出现的仰拱施工变形问题。在富水煤系地层进行加固，预防基底通水问题，可最大限度地保证施工的安全性。基于预埋套筒＋普通螺纹道钉的高速铁路隧道仰拱施工技术，主要是结合预埋套筒＋普通螺纹道钉的优势，保证仰拱施工的完整性。以上两种施工技术均能够应用于隧道仰拱施工，但是受到内层主筋与外层主筋的断面距离影响，仰拱施工并未控制保护层厚度，容易出现内外层间距误差较大的问题，从而造成隧道失稳的隐患，因此设计了大断面浅埋高速铁路隧道仰拱施工技术。

（一）大断面浅埋高速铁路隧道仰拱施工技术设计

1.搭设高速铁路隧道仰拱移动模架

仰拱作为隧道工程的重要组成部分，对于隧道的稳定性具有重要作用。在进行仰拱施工之前，须先搭建仰拱移动模架作为仰拱的临时支撑，以满足仰拱混凝土一次性整体浇筑的施工需求。仰拱移动模架主要包括仰拱模架、端头梁、栈桥等。以仰拱移动模架为中心，可将施工区域划分成两部分。区域一进行隧道底部挖掘、清理基底；区域二进行仰拱移动模架搭设、混凝土施工。仰拱断面存在微小的坡度，在不搭设仰拱移动模架的情况下，很难进行下一道工序。采用大面积的钢板组成模板，每块钢板长度设定为 6 m，宽度在 1.0~1.2 m，使模板具有足够的强度，能够固定仰拱支护。考虑到隧道内存在施工设备配套的情况，将仰拱移动模架的栈桥进行两片式分离，每片质量为 10 t，使用一台设备即可完成栈桥的移动。栈桥长度根据隧道仰拱施工需求而定。在仰拱施工过程中，栈桥两端长度各预留 2.5 m，端头梁宽度约 1.5 m，整体有效工作面保持在 12 m 以上，以使栈桥能够平均分摊两个仰拱断面的荷载。

2.开挖大断面浅埋高速铁路隧道仰拱下台阶

使用仰拱模架，在区域一进行仰拱右侧开挖，区域二安装仰拱模板，浇筑混凝土。第一阶段完成之后在区域一仰拱出渣，随后在区域一左侧仰拱开挖，区域二浇筑混凝土。直到区域一与区域二施工完成，混凝土养护 10 h 之后脱模，进行仰拱下台阶的挖掘工作。支护施工与台阶施工同时进行，可缩短施工时间，提高仰拱施工的效率。隧道工程中，仰拱下台阶的开挖较为复杂，在搭设仰拱移动模架之后，其与仰拱初期支护形成封闭环，采用从上到下的顺序完成扒渣、立拱施工，同时完成仰拱回填作业，由此缩短作业时间，保证施工效率。在进行仰拱下台阶开挖的过程中，采用上、下台阶同时爆破的形式，对隧道仰拱的施工变形进行控制，使变形的概率降低 30% 左右。在滞后的工作面开挖下台阶，能够单独施工，平行作业，一次性开挖的效率更高，保证了下台阶的整体开挖效果。使用仰拱模板，将仰拱清渣、钢筋绑扎、模板安装等工序的封闭时间压缩，仰拱的施工长度可达 12~24 m，利用栈桥前行一次之后，即可进行下一道工序的施工。

3.加固隧道围岩层仰拱基底

仰拱施工过程中，很容易产生机械振动，出现围岩水化的现象。鉴于此，应对隧道围岩层仰拱基底进行加固，避免基底出现泥化现象，从而实现隧道仰拱的高质量施工。根据施工条件，对仰拱钢筋进行焊接。仰拱钢筋焊接完成之后，清理仰拱下台阶基底，并在仰拱弧形圈的支护区域铺设 20 cm 厚的碎石。栈桥放置完成之后，在基底进行注浆加固，注浆孔深度约 3.0 m，碎石层隔绝水分，可有效地加固仰拱基底。

（二）工程实例分析

1.工程概况

为了验证设计的仰拱施工技术是否具有使用效能，以 X 高速铁路隧道为例，对上述技术进行实例分析。X 高速铁路隧道全长约 9 898 m，起讫里程为 DK80+800—DK90+700。隧道以Ⅱ级与Ⅲ级围岩为主，施工过程中很可能遇到岩溶、岩爆、暗河等问题，使得施工工期延长。X 高速铁路隧道日常涌水量达到了 54 000 m^3/d，雨季涌水量超过日常的 2 倍。如果存在隧道暗河，涌水量无法估算，将会对整个隧道仰拱工程造成影响。按照周围隧道开挖遇到的暗河最大涌水量 380 000 m^3/d，本次施工可能会遇到 420 000 m^3/d 的涌水，属于Ⅰ级高风险隧道。D3K80+650—D3K80+740 施工段以Ⅲ级围岩为主，在此施工段内采用台阶方法开挖，在岩层较为完整的区域进行仰拱施工。A 区域为上半断面开挖，B 区域为上半断面初期支护，C 区域为下半断面开挖，D 区域为下半断面初期支护，E 区域为全断面模筑混凝土。本次工程以 B→A→D→C→E 的顺序进行施工，每开挖 3~3.5 m，在开挖区域喷射 3~5 cm 厚的混凝土。仰拱与拱墙的分界高度约为 10 cm，根据 X 高速铁路隧道的施工条件，一次性完成仰拱施工，并未预留施工缝。本工程将仰拱段的一次开挖长度控制在 6 m 左右,分别进行了开挖出渣、清理、仰拱模板搭设、仰拱混凝土施工、填充混凝土、移动栈桥施工等施工工序,施工模架无须其他机械的合作,避免了其他机械设备的干扰,保证了仰拱施工的整体质量。

2.应用效果

在上述施工条件下,随机选取了多组仰拱施工工序,在仰拱开挖长度为 6.0~18.0 m 的范围内,布设多个断面监测点,分析各个监测点的仰拱变形情况。在断面测点变形要求一致的条件下,使用设计的仰拱施工技术,对断面测点变形进行分析。随机选取的仰拱开挖长度为 6.0 m、12.0 m、18.0 m,每次开挖的仰拱工序选择为隧底开挖、仰拱模板安装、填充混凝土浇筑,每次开挖的长度控制在 6 m,即可保证工程的施工需求。在此仰拱施工工序下,随机选取了多个断面,断面上各个监测点的变形要求不同,超过此变形要求,就会影响仰拱施工质量,出现施工安全隐患。使用设计的仰拱施工技术后,断面测点变形量均在断面测点变形要求的范围内。在满足上述仰拱开挖长度条件下,变形量均不大于 4.0 mm,由此证明使用设计的施工技术,仰拱施工完成之后变形较小,仰拱施工稳定性较高,能够高质量地完成仰拱施工。

隧道仰拱施工是整个隧道工程的关键环节,对于隧道施工稳定性具有重要作用。在仰拱施工过程中,很容易出现受力不集中、仰拱结构失稳等现象,严重制约了隧道仰拱结构的施工效果。设计大断面浅埋高速铁路隧道仰拱施工关键技术,能够从搭设仰拱模架、开挖仰拱下台阶、加固仰拱基底等方面,确保隧道仰拱施工的稳定性。

三、大断面浅埋黄土隧道下穿既有铁路施工关键技术

以高桥隧道为例,高桥隧道位于陕西省潼关县,起讫里程为 DK348+110—DK349+568,长 1 458 m,为双线黄土隧道。隧道除进口端 564 m 位于 $R=8\ 000$ m 的曲线地段,出口端 158 m 位于 $R=12\ 000$ m 的曲线地段外,

其余洞身位于直线上。洞身进口段纵坡为-9‰，出口段纵坡为-3.5‰。隧道进口因与南同蒲线相隔，出口位于磨沟右岸陡坡，下穿南同蒲线与磨沟大桥相连，交通非常不便。隧道出口段于DK349+455.86处与南同蒲铁路挖方路堑小角度下穿立交，相交角度为23°58′49″，下穿段隧道施工长度约90 m。隧道出口段埋深浅，线路左侧边坡基本由坍滑堆积体组成，土体较松散，地形偏压严重。隧道通过区范围内地层岩性简单，为I级黄土台塬区，出口端表层为第四系上更新统风积砂质黄土及黏质黄土，下伏第四系中更新统风积砂质黄土及黏质黄土，中间夹有数层古土壤层。隧道洞身大部为砂质黄土。南同蒲铁路为II级正线，单线无缝线路，60 kg/m钢轨，II型混凝土轨枕，碎石道床。该段铁路位于深路堑内，其中50 m位于缓和曲线上，15 m位于直线内，曲线半径400 m，缓和曲线长80 m，超高125 mm，缓和曲线一端接磨沟大桥梁，另一端接磨沟隧道。南同蒲线日行车密度为19对，日行车间隔时间30 min左右，经调查最大行车间距约45 min，列车行驶较频繁。

（一）设计方案

隧道出口DK349+410—DK349+500为V级围岩下穿南同蒲铁路段，采用一孔跨度64 m的八七铁路应急抢修钢梁架空铁路，梁两端置于隧道开挖轮廓以外的群桩基础之上。每段群桩4根，深度43 m，承台尺寸8.4 m×4.25 m×3.0 m（长×宽×高），群桩与承台均采用C30钢筋混凝土。在架空线路的条件下采用双侧壁导坑法暗挖通过，既有铁路在限速15 km/h的条件维持运营。初期支护采用35 cm厚喷射混凝土，全断面设I25a型钢钢架，间距1榀/0.6 m，拱部设ϕ42 mm超前小导管。

（二）管棚与管幕施工

1. ϕ108 mm长管棚施工

在DK349+395处拱部120°范围内，按环向间距0.35 cm设置20 m长的

$\phi 108$ mm 管棚，超前大管棚采用 YG100 型钻机钻孔。外插角度控制在 5°～10°，以避免管棚侵入支护断面内。钢管在专用的管床上加工好丝扣，导管四周钻设孔径 10～16 mm 的注浆孔。棚管顶进采用挖掘机和管棚机钻进相结合的工艺，先用挖掘机在人工配合下顶进钢管，再用钻机的冲击力和推力低速顶至设计深度。接长钢管应满足受力要求，相邻钢管的接头应前后错开。同一横断面内的接头数不大于 50%，相邻钢管接头至少错开 1 m。管棚安装就位后及时注浆。

2. $\phi 159$ mm 管幕施工

高桥隧道下穿段围岩为 Q3 新黄土，钻孔工艺不能采用水钻，否则易塌孔埋管和黄土湿陷软化而导致管幕下挠侵陷，故下穿段采用风动导向跟管钻进的施工方法进行管幕施工，即将 $\phi 159$ mm 钢管加工成每节 6 m 的钻杆，利用水平导向钻机将 $\phi 159$ mm 的钻杆分节钻入。钻孔时利用空气压缩机产生的高压空气将钻渣吹出孔外，利用有线导向仪器控制钢管的打设精度。

单孔打设验收合格后，由孔口注入水灰比 1:1 的水泥浆，对管内及管外间隙进行充填。钢管四周设直径为 12 mm 的注浆孔。泵压不宜过大，一般控制在 0.8～1.2 MPa，以充满钢管内外空隙为度，停止注浆 15～30 min 后进行二次补浆，确保管内外填充质量。注浆必须控制好注浆量、注浆压力等。

（三）施工方法

1. 双侧壁导坑法施工

隧道拱部 120°范围内超前长管幕施工完成后，在 DK349+410—DK349+500 段采用双侧壁导坑法进行施工，开挖主要以人工配合机械的方式，拱部开挖预留 10 cm 的沉降量。

2. 弧形导坑法施工

采用弧形导坑法较双侧壁导坑法开挖部分少，在时间上能及时进行仰拱封闭，在空间上能缩短工作面至仰拱和二衬的距离，大大提高 $\phi 159$ 管幕施工期间的安全性。该段支护衬砌里程：二次衬砌施工至 DK349+393，仰拱及填充施工至DK349+396，下台阶开挖至DK349+397，中台阶开挖至DK349+403，拱部开挖至DK349+406。通过现场监控量测既有线道床及路肩沉降为零，该施工段隧道的拱顶最大沉降为11 cm（两个半月），说明在管棚的保护下，沉降较小。

（四）应急预案

（1）成立应急响应机构，包括现场指挥组、抢险行动组、抢救疏散组、医疗救护组、安全防护组，按其职责与分工进行事故报告和现场处置。

（2）洞内准备足够的编织袋、筐子、片石、方木、钢管、木板、沙袋、混凝土施工用原材料及相应混凝土施工机具，保证能随时投入使用。各种材料要统一集中堆放，严禁挪作他用。安排2台自卸汽车、2台装载机、1台挖掘机、1台吊车等机械设备在现场待命。

（3）洞内设安全员2名，密切注意洞内的稳定情况。同时设2名专职的联络员，1个在港口车站，1个在华山车站。一有火车驶入或驶出立即通知现场值班人员，值班人员随即通知洞内施工人员撤离工作面，到已衬砌好的斜井或主洞内躲避，同时对未开挖好的工作面采用 $\phi100$ mm 的钢管和木板对工作面及未支护的顶部进行临时支护，待火车通过后继续施工。

（4）在既有线两侧堆放足够的道砟（距钢轨外侧不得少于1.5 m），如线路轨道沉降或不均匀沉降过大，达到变形管理等级Ⅰ级时（超过6 mm），立即通过有线电话或对讲机通知铁路运管部门现场配合人员，采用添加道砟、抬高道床的方法临时处理。

（5）既有线路堑边坡如出现裂缝，及时将裂缝用三七灰土换填并夯实封闭，换填深度50 cm，宽50 cm，顶面高出原地面10 cm，并沿裂缝量测设置1∶1的排水坡，同时对裂缝的变化情况加强监测，防止雨水渗入产生危害。如边坡出现滑坍应及时清理，并通知铁路现场配合人员，同时设专人进行看守，观察边坡的稳定情况，加强对边坡的监测，根据监测结果，必要时采取方木和沙袋进行边坡防护或封锁线路进行整治。

（6）如工作面出现掉块，被挤出或有局部失稳趋势时，用木板和方木对工作面进行斜支撑加固，然后在工作面前方快速堆码沙袋，喷射混凝土封闭沙袋外侧，同时按程序上报。根据具体情况，严重时可采用混凝土浇筑封闭开挖的小导洞，确保不发生大的坍方。

（7）如已发生坍方等情况，则由洞内防护员及时通知铁路运管部门现场配合人员，并按程序逐级上报各相关部门（在 $\phi 159\,mm$ 大管幕的保护下，不会坍方）。

（8）根据监控量测资料，如支护出现较大的变形，有坍方预兆时立即采用加强支护措施，采用钢管或方木支撑。同时停止掘进，用喷混凝土封闭前面工作面，工作面前方堆码沙袋，加强观测，并注意疏散无关人员。

（9）强化地表和洞内的变形监测工作，及时分析变形规律和变形量，调整支护设计参数，确保安全。

第五节　复杂地质条件下铁路隧道施工技术

一、不同条件下的铁路隧道施工技术

（一）岩溶条件下的施工技术

岩溶地貌也被称为喀斯特地貌，地表径流与地下水持续对可溶性岩石施加化学溶蚀作用，有可能引发突泥、塌陷与突水等问题，进而影响到工期进度，存在安全隐患。工程现场存在岩溶地质条件时，需要根据现场地质勘查报告，组合采取引排、堵塞、跨越、绕行等施工技术。其一，引排技术适用于溶洞存在水流的工程背景，需要明确掌握水源流向情况与分布位置，在溶洞与暗河部位设置暗管、小桥、泄水洞等排水设施，直接将溶洞内部水流排出洞外，或是通过引水槽将洞内水流引至隧道底部进行引排处理。其二，堵塞技术适用于溶洞无水条件和停止发育的铁路隧道工程，正确掌握溶洞内部情况，在洞内灌注适量的混凝土浆料或是回填干砌片石进行封闭处理，必要时对边墙基础结构进行加深处理，以及对岩石破损较为严重的溶洞进行锚喷支护。其三，跨越技术多用于溶洞面积与深度较大的铁路隧道工程，在稳定基岩部位安装梁端和拱座，使得铁路隧道结构跨越溶洞部位，如果溶洞内部存在流水，则在隧道底部修筑浆砌片石支墙起到支承作用，以及在墙内设置涵管用于引排溶洞内部流水。其四，绕行技术多用于岩溶地质问题过于复杂的工程中，对方案中的铁路隧道走向加以调整，使隧道迂回绕过岩溶区域，并在隧道施工期间同步处理溶洞问题，综合分析溶洞形状、地下水流通情况、面积大小等因素来制订相应的处理方案。

（二）浅埋偏压条件下的施工技术

当工程现场存在浅埋偏压地质条件时，如果采取常规的铁路隧道施工技术，由于隧道埋设值较小，加之上部覆盖层较薄，有可能出现地层严重变形的现象，进而引发地面塌方、地面位移等工程事故，不利于隧道独立成拱作业的开展。因此，对于浅埋偏压地质条件，需要在铁路隧道施工方案中同时采取洞外处理措施和洞内处理措施。

洞外处理措施包括削坡排水、减载反压、地表注浆、围护支挡、地表砂浆锚杆、管棚超前支护、回填反压平衡法等。例如，管棚超前支护法是沿隧洞开挖面在上半断面四周设置厚壁钢管、搭设钢拱架来形成临时性承载棚支护结构，在厚壁钢管内灌注适量水泥砂浆，起到抑制围岩松动、减小地表沉降量的作用，适用于现场存在软弱围岩等复杂地质条件的工程中。而回填反压平衡法是在沿偏压段隧道外纵向修筑挡土墙体，在隧道和挡土墙体间隔部位回填、夯实土石，从而起到控制隧道两侧土压力偏差值、预防山体滑坡问题出现的作用，此方法适用于隧道进出口段存在偏压条件的铁路工程。同时，需要结合工程情况与地质条件来设定具体的技术参数，如在应用地表砂浆锚杆法时，采取破裂面法进行计算，根据计算结果来设定加固宽度、纵向加固范围、拱部加固与两侧加固深度、锚杆长度与间距等参数。

洞内处理措施包括隧道分部开挖、加强二次衬砌强度、钢拱架法、注浆加固法与模筑衬砌法等，旨在最大限度地减小偏压地质条件对隧道施工及结构稳定性造成的影响，以及改善隧道结构与地基的承载性能。例如，隧道分部开挖法是将大断面开挖任务分解为若干小断面开挖任务，采取台阶法、单/双侧壁导坑法等施工方法，按顺序先后开挖隧道偏压一侧与另一侧部位，分阶段开展隧道开挖作业，以此来减小隧道开挖活动对围岩结构造成的扰动。注浆加固法是根据铁路隧道结构情况，在隧洞结构上设置若干数量的注浆孔，在孔内持续注入水泥砂浆或混凝土，重点控制注浆厚度和注浆范围，待浆液凝结固化后，即可起到隧洞加固的作用。而模筑衬砌法是在边墙施工完毕后于隧洞内部支设拱架或是模板结构，在其基础上修筑隧道衬砌，使其形成闭环回路，起到承受外部围岩压力与上部荷载的作用。应根据现场情况选择具体的衬砌结构形式，如在围岩压力较大时采取钢筋混凝土衬砌结构，在铁路隧道采取全断面开挖工艺时则选取整体灌注混凝土衬砌结构。

（三）软弱围岩条件下的施工技术

当工程现场存在软弱围岩地质条件时，面临的主要施工难题为土层松软且围岩结构稳定性差，受施工扰动，有可能出现洞口堵塞、地表塌陷与裂缝、洞顶仰坡坍塌等工程事故。在早期铁路隧道工程中，普遍选择采取黏土填充、设置截水沟等处理措施，但实际处理效果并不理想。因此，针对软弱围岩地质条件，可选择采取环形导坑法、交叉中隔壁法（CRD 法）和短台阶七步平行流水作业工法。其中，环形导坑法是先完成隧洞口处浅埋段施工任务，沿铁路隧道环状轮廓线开挖高度在 2.5 m 左右的导坑，并在施工初期搭设支护结构，按照"循环进尺"方法，依次开展上台阶开挖、左右墙开挖支护、下台阶开挖、仰拱开挖浇筑与全断面衬砌作业。交叉中隔壁法主要用于铁路隧道穿越断层破碎带部位和滑坡地段，根据现场情况，将铁路隧道断面分割为若干数量的小工作面，对各处工作面进行封闭处理，搭设环形支护结构，以起到隧道拱部下沉控制和收敛控制的作用。而短台阶七步平行流水作业工法是将铁路隧道施工过程分解为七项步骤，依次开展隧道拱部上部断面开挖支护、拱部下半断面作业及右侧开挖支护、边墙左侧及右侧开挖支护、仰拱开挖施作封闭环、全断面整体二次衬砌作业与其他工法相比，这项工法的开挖、支护形式较为灵活，可以根据工程现场情况选择最佳方式。此外，在工程现场存在软弱围岩地质条件的施工背景下，还需要重点控制洞口段与正洞施工质量，采取相应处理措施。例如，在铁路隧道洞口段施工环节，如果存在洞口埋深值小、围岩不具备自然拱起条件的情况，应采取套拱方法，提前清理仰坡部位，对仰坡进行封闭处理，打入超前锚杆并挂靠钢筋网，设置大拱脚来支撑开挖外侧轮廓线，起到围岩加固的作用。

（四）地表滑坡条件下的施工技术

针对地表滑坡问题，需要综合采取滑坡病害整治措施，具体包括锚杆加固、裂缝处理、地表平整。其中，锚杆加固措施是在隧道衬砌结构上钻设若干数量孔洞，在洞内打入多节锚杆，采取螺栓连接方式连接相邻节段锚杆，向孔内高压灌注水泥浆，直至垫板及螺母完全嵌入泥浆中，再使用速凝膨胀水泥混凝土对锚杆尾部加以嵌补处理。裂缝处理措施是对隧道结构及周边地层的裂缝分布情况加以调查，根据裂缝宽度和深度，采取表面封闭法或内部修补法进行处理。表面封闭是在宽度不超过 5 mm 的裂缝表面均匀涂刷环氧树脂砂浆，内部修补是在宽度超过 5 mm 的裂缝内部高压灌注环氧树脂浆液,再使用膨胀水泥对裂缝表面进行嵌补处理。而地表平整措施是对工程现场地表分布的低洼、错台等区域开展夯实整平与回填作业,用于提高地表平整度、结构稳定性和土层压实度,避免地表土层因承受过大上部荷载和受施工扰动而出现沉降、塌方现象。此外,还可选择对铁路隧道的进洞施工技术进行优化,采取抗滑桩施工、偏压墙施工、分布台阶开挖、双层注浆小导管施工、明洞施工、超前大管棚施工等方法。

(五)膨胀性围岩条件下的施工技术

膨胀性围岩有着土体强度随外部环境气候条件发生变化的特征,有可能出现浸水膨胀、风化开裂、围岩变形、洞壁位移等现象。例如,当膨胀性围岩结构吸收过量水分、长时间浸泡在水中时,将在岩体干湿交替期间出现吸水膨胀与失水收缩现象,使得围岩结构状态由块间联结改变为裂隙结合,从而丧失一部分强度,最终破坏结构稳定性,产生压力叠加作用。在这一工程背景下,应根据地质勘查报告来确定施工思路,如根据围岩贮存应力值来选取施工方法、设定结构支护参数,并遵循"围岩加固、改善洞形、先柔后刚"的施工原则。其中,在围岩加固方面,可采取预应力锚杆、自进式锚杆的支护方法,严格控制锚杆长度,要求长度超过塑性区厚度。而在改善洞形方面,采取增大边墙及仰拱曲线率的方法,将铁路隧道开挖断面轮廓保持为圆形。

二、复杂地质条件下的铁路隧道施工策略

(一)做好现场地质勘查工作

目前来看,在部分铁路隧道工程中,普遍存在隧道施工技术选择不当、未采取有效施工措施的现象,归根结底,问题在于现场地质勘查工作开展得不到

位，勘查报告没有真实、全面地反映工程现场水文地质条件，对后续施工技术方案的制订产生了一定的误导。因此，必须着重提高现场地质勘查工作质量，做好技术、设备、人员层面的准备工作。

其中，在技术准备层面，测绘单位应积极引进全新的工程地质勘查技术手段，包括使用GIS（地理信息系统）、GPS（全球定位系统）、RS（遥感）等技术，从而更为准确、直观地描述工程现场地层构造与水文地质条件，锁定岩溶、软弱围岩、地表滑坡等复杂地层的具体位置及分布范围，提高图像清晰度和分辨率。在设备准备层面，既要配置功能完善与使用可靠的新型经纬仪、激光测距仪等测量设备，凭借精密仪器的性能优势来提高地质勘查质量，减小测量误差；同时又要做好仪器设备的调试检查和维护保养工作，发现并解决设备的隐性故障，始终维持仪器设备的最佳运行状态，如在工程地质勘查前后重复开展设备维护保养工作。而在人员准备层面，须预先做好勘查人员的专业培训、技术交底工作，重点培育勘查人员的实践工作能力，积累工作经验，深入了解全新勘查技术和掌握新型仪器设备的正确操作方法。

唯有如此，方可最大限度地减少各方面因素对工程地质勘查成果质量造成的影响，为铁路隧道施工技术选择和施工方案优化调整提供准确依据。

（二）施工过程监管与监控量测

在复杂地质条件下开展地铁隧道施工活动时，将面临外部环境变量因素多、现场环境过于复杂、人员往来频繁和密集分布的施工难题，存在质量安全隐患。例如，在工程现场存在岩溶、地表滑坡等复杂地质条件时，尽管采取了相应的处理措施，但由于受到施工扰动因素影响，仍有可能会出现隧洞坍塌、滑坡等工程事故。同时，在施工人员出现违规操作行为时，也会影响到隧洞结构稳定性和施工质量。因此，需要在铁路隧道施工期间做好工艺过程监管与监控量测工作。

一方面，由管理人员协同监理工程师，组合采取远程监控、旁站监理和现场巡查等方式，对铁路隧道施工过程进行监督管控，确保施工技术方案得以有效落实。例如，在隧洞内部采取注浆加固技术时，检查注浆层厚度、注浆角度、注浆压力、注浆孔数量等参数是否符合方案内容，要求施工班组对不达标部位进行返工处理。同时，及时纠正违规操作等不规范行为，追究相关人员责任，向施工人员提供现场技术指导，并在出现地表滑坡、隧洞坍塌、围岩松动变形等突发事件时维持现场秩序，将问题上报反馈，必要时组织人员设备退场。

另一方面，为及时发现无法通过肉眼观察到的环境变量因素，要求施工企业组合采取监控量测与信息反馈技术，在现场布置若干数量测点与观测装置，在施工期间持续观测围岩结构、隧洞结构的稳定状态，以及地表沉降量、地下水流等参数，用于评价施工效果和现场情况。当实时观测值超过质量控制范围时，系统将自动发送报警信号，根据出现的突发事件采取相应措施，包括额外采取围岩结构与隧洞结构的加固措施、调整铁路隧道施工技术方案等。

（三）通风管理

在铁路隧道施工期间，为追赶工期进度，往往会应用到钻爆法等施工技术，在岩体结构中钻设孔洞、装入起爆药包，从而改变岩体结构。在钻爆施工期间，会产生一些有毒有害气体，现场环境情况较为复杂，有可能出现现场人员吸入过量有毒气体等安全事故。因此，必须在隧道施工期间做好现场通风管理工作，组合采取机械通风以及自然通风形式，在现场安装风机设备，持续向隧道结构中吹入新鲜空气，及时排出有毒有害气体。此外，当遇到瓦斯环境时，隧道围岩结构上会游离一些瓦斯气体，在瓦斯与明火接触时易造成瓦斯爆炸，存在安全隐患。因而在铁路隧道施工前，必须做好现场地质勘查工作，如果隧道施工现场周边区域分布煤层与瓦斯气体，应依次开展工作面瓦斯含量测定、瓦斯气体来源分析工作，采取加强隧道通风、安装防爆型洞内照明与配电设备、改进隧道开挖方法等措施。例如，在某铁路隧道工程中，在开挖期间出现瓦斯异常涌出情况，工作面揭露出煤矸石夹层，少量瓦斯沿围岩结构破损部位向外涌出，经过检测发现，工作面拱顶部位瓦斯浓度超过 1.65%，就此采取加大隧道通风量、使用侧壁导坑开挖法取代全断面一次开挖法、使用细水泥砂浆并掺入适量水玻璃浆液来堵塞隧道围岩结构孔隙、在掌子面喷射混凝土层进行封闭的施工措施，在后续施工期间并未出现瓦斯泄漏问题，施工安全得到保障。

综上所述，为减小复杂地质条件对铁路隧道施工安全及质量造成的影响，更好地实现工程预期建设目标，保证施工活动顺利开展，施工单位应做好工程现场地质勘查与监控量测工作，重点监管施工过程，根据现场水文地质条件，对铁路隧道施工技术方案加以优化调整，选择最佳施工工法，持续推动铁路隧道施工技术体系的创新发展。

第六节　铁路隧道的山岭隧道施工技术

一、山岭隧道概述

（一）山岭隧道的定义

山岭隧道是指为缩短距离和避免大坡道而从山岭或丘陵下穿越的修建在地下或水下并铺设铁路供机车车辆通行的建筑物。

（二）山岭隧道的特点

（1）整个工程埋于地下，因此工程地质和水文地质条件对隧道施工的成败起着重要甚至决定性的作用。

（2）隧道是一个形状扁平的建筑物。
（3）地下施工环境较差。
（4）施工工地一般都位于偏远的深山峡谷之中。
（5）隧道埋设于地下，一旦建成就难以更改。
（6）施工可以不受或少受昼夜更替的影响。

（三）山岭隧道的水文地质情况

山岭隧道通常是建立在天然的地层当中，因此山岭隧道的位置选择和具体的施工方案与水文地质条件有着极其密切的联系。地质条件包括岩层、地质构造、岩层状态、风化程度以及岩石的成分含量等。除此之外，隧道所处深度以及深度和地形变化的关系，地层的含水量、温度变化和所含气体成分等与山岭隧道的施工也有着极为重要的联系。

二、山岭隧道施工的难点

（一）属狭长建筑，工作面小

山岭隧道是一个狭长的建筑，通常情况下只有进口与出口两个工作面。施工速度比较慢，工期比较长，往往一些长大隧道是新建线路上的控制性关键工程。隧道断面较小，工作场地狭长，一些工序只能协调作业，这样很花时间，需通过合理的施工管理来予以协调，因此如何在有限的施工空间中最大限度地发挥施工管理的作用，是山岭隧道施工的难点。

（二）施工环境较差

山岭隧道施工环境较差，如爆破产生的有害气体、喷射混凝土产生的粉尘等，都须采取有效措施加以改善，如人工通风防尘等，以确保施工场地符合卫生要求，保证施工人员的身体健康，提高劳动生产率。

（三）山岭隧道地处偏远地区，交通不便

山岭隧道大多穿越崇山峻岭，施工工地一般都位于偏远的深山峡谷之中，往往远离既有交通线，运输不便，供应困难。

三、山岭隧道的施工方法

（一）选择隧道施工方法的指导思想与应遵循的原则

山岭隧道施工应符合安全环保、工艺先进、质量优良、进度均衡、节能降耗的要求，应本着"安全、有序、优质、高效"的指导思想，按照"保护围岩、内实外美、重视环境、动态施工"的原则组织施工。山岭隧道施工方法的选择应遵循以下原则：

（1）确保施工安全，改善施工环境。

（2）应根据设计文件、施工调研情况、地质围岩级别，结合隧道长度、断面大小、纵坡情况、衬砌方法、工期要求、装备水平、队伍素质等因素综合决定。

（3）地质变换频繁的隧道应考虑其适应性，便于工序调整转换。

（4）应尽量采用新技术、新工艺、新设备、新材料。

（5）认真按照新奥法原理，掌握应用好光爆、喷锚、量测施工三要素。

（二）选择隧道施工方法的基本要素

1. 施工条件

它包括一个施工队伍所具备的施工能力、素质及管理水平。隧道施工队伍的素质和施工装备水平有高有低、参差不齐，因此在选择施工方法时，不能不考虑这个因素的影响。

2.围岩条件

围岩条件也就是地质条件,其中包括围岩级别、地下水及不良地质现象等。围岩级别是对围岩工程性质的综合判定,对施工方法的选择起着重要甚至决定性的作用。

3.隧道断面面积

隧道的尺寸和形状对施工方法选择也有一定的影响。目前隧道断面有向大断面方向发展的趋势,如公路隧道已开始修建 3 车道甚至 4 车道的大断面,水电工程中的大断面洞室更是屡见不鲜。单线和双线的铁路隧道工程中越来越多地采用了全断面法及台阶法;而在更大断面的隧道工程中,先采用各种方法修小断面的导坑,再扩大形成全断面的施工方法极为盛行。

4.埋深

隧道埋深与围岩的初始应力场及多种因素有关,通常将埋深分为浅埋和深埋两类,有时将浅埋又分为超浅埋和浅埋两类。在同样的地质条件下,埋深不同,施工方法也会有很大差异。

5.工期

作为设计条件之一的施工工期,在一定程度上会影响基本施工方法的选择。因为工期决定了在均衡生产的条件下,对开挖、运输等综合生产能力的基本要求,即对施工均衡速度、机械化水平和管理模式的要求。

6.环境条件

当隧道施工对周围环境产生如爆破振动、地表下沉、噪声、地下水条件的变化等不良影响时,环境条件也应成为选择隧道施工方法的重要因素之一,而在市区,甚至会成为选择施工方法的决定性因素。施工方法标准化、模式化的重要条件是建立适应各种条件的隧道施工机械化配套技术的标准模式。

（三）山岭隧道开挖方法的选择

山岭隧道施工的过程和方法是多种多样的，但钻爆法仍然是我国目前应用最广、最成熟的隧道修建方法。山岭隧道开挖常用的方法为全断面法、台阶法、中隔壁法（CD法）、交叉中隔壁法、单侧壁导坑法、双侧壁导坑法等。在当前的施工实践中，从工程造价和施工速度的角度考虑，施工方法的选择顺序应为全断面法、正台阶法、台阶设临时仰拱法、中隔壁法、交叉中隔壁法、双侧壁导坑法；从施工安全的角度考虑，其选择顺序应反过来。选择施工方法应根据实际情况综合考虑，但必须符合安全、快速和环保的要求，以达到规避风险、加快施工进度和节约投资的目的。

（四）各种施工方法在不同围岩和隧道中的适用情况

1.全断面法

全断面法是按设计断面将整个隧道开挖，一次钻孔、一次爆破成型、一次初期支护到位的隧道开挖方法。该法主要适用于非浅埋Ⅰ～Ⅲ级硬岩地层，浅埋段、偏压段和洞口段不宜采用。如地质条件确实较好，也可采取先开挖小导坑，然后再扩大的施工方法，这对保持围岩稳定是有利的。该法有较大的作业空间，有利于采用大型配套机械化作业，钻爆施工效率较高，可采用深眼爆破，提高施工速度，且工序少，便于施工组织和管理，较分部开挖法减少了对围岩的振动次数。但由于开挖面积较大，围岩相对稳定性降低，且每循环工作量相对较大，深孔爆破用药量大，引起震动大，因此要求进行精心的钻爆设计和严格控制爆破作业。

该法需要配备钻孔台车或多功能台架及高效率装运机械设备，缩短循环作业时间，合理采用平行交叉作业工序，提高施工效率。利用钻孔台车深孔钻爆能够增加循环进尺，控制钻孔进度，改善光面爆破效果，减少超欠挖。有条件时采用导洞超前的开挖方法，合理组织施工，保证隧道施工安全。仰拱、铺底超前二次衬砌且一次全幅浇筑，Ⅰ～Ⅱ级围岩离掌子面距离≤120 m，Ⅲ级围岩≤90 m。

2.台阶法

台阶法是将隧道结构断面分成两个或几个部分，即分成上下两个断面或几个断面分部进行开挖的隧道开挖方法。该法适用于铁路双线隧道Ⅲ、Ⅳ级围岩，单线隧道Ⅴ级围岩亦可采用，但支护条件应予以加强。该法具体可分为正台阶法、三台阶临时仰拱法、环形开挖预留核心土开挖法等。该施工方法的优点是对地质变化的适应性较强，工序转换较容易，并能较早地使初期支护闭合，有利于控制沉降。台阶长度一般应控制在1～1.5倍洞径，为及早使初期支护封闭成环，也可适当缩短台阶长度，当围岩较稳定，短台阶能保持时，台阶长度亦可适当缩短至3～5 m，上下台阶同时钻眼爆破，以起到加快施工进度、减少设备配置的目的。下部断面（中、下层台阶）是开挖作业的重要环节。近年来，在下部开挖中，因方法欠妥、作业不慎引起初期支护失稳造成的重大坍方事故已有多起，必须引起高度重视。在开挖顺序上，宜采用先挖侧槽、左右错开向前推进的做法，不宜采用拉中槽挖马口的方法。侧槽一次开挖长度不宜太长，靠近边墙范围应采用风钻、风镐手工开挖，人工清壁扒渣，严禁使用重型机械开挖和装渣，以免对围岩造成过大扰动，破坏围岩和初期支护系统的整体稳定性。根据围岩条件合理确定台阶长度和台阶数量，台阶长度一般应不超过1倍开挖洞径，台阶高度根据地质情况、隧道断面大小和施工机械设备情况确定。上台阶施作钢架时，采用扩大拱脚或施作锁脚锚杆等措施，控制围岩和初期支护变形；下台阶在上台阶喷射混凝土达到设计强度70%以上时开挖，当岩体不稳定时需缩短进尺，必要时上下台阶分左、右两部错开开挖，并及时施作初期支护和仰拱。施工中应解决好上下台阶的施工干扰问题，下部施工应减少对上部围岩、支护的扰动。下台阶施工时要保证钢架顺接平直，螺栓连接牢靠。仰拱、铺底超前二次衬砌一次性全幅浇筑。

3.中隔壁法

中隔壁法是将隧道断面左右一分为二，先挖一侧，并在隧道中部设立利用钢支撑及喷混凝土的临时支撑隔墙，当先开挖一侧超前一定距离后，再开挖另一侧的隧道开挖方法。该法变大跨为小跨，使断面受力更合理，对减少沉降，保证隧道开挖安全、可靠具有良好效果。该法适用于较差地层，如采用人工或人工配合机械开挖的Ⅳ～Ⅴ级围岩和浅埋、偏压及洞口段。施工过程中，为保证初期支护的稳定，除喷锚支护外，须增加型钢或钢格栅支撑，并采用超前大管棚、超前锚杆、超前注浆小导管、超前预注浆等一种或多种辅助措施进行超前加固。由于地层软弱，断面较小，只能采用小型机械或人工开挖及运输作业，工序多，施工进度较慢。必要爆破时，应控制药量，避免损坏中隔墙。临时中隔墙型钢支撑规格应与初期支护所采用的一致。此外，每步台阶的长度应控制在 3～5 m。

左右部的台阶开挖高度根据地质情况及隧道断面大小而定。左右两侧洞体施工纵向拉开间距不大于 15 m。每台阶开挖长度不大于该分部断面直径，保持开挖面平顺，并及时初期支护。后一侧开挖形成全断面时，应及时完成全断面初期支护闭合。中隔壁设置为弧形临时支护，隧道左右开挖面初期支护连接平顺，保证钢架连接状态良好。根据监控量测信息，初期支护稳定后拆除中隔壁临时支护，一次拆除长度不超过 15 m，并加强监控量测。临时支护拆除后及时施作隧道仰拱和二次衬砌。

4.交叉中隔壁法

当采用中隔壁法仍然无法保持围岩稳定和隧道施工安全时，可采用交叉中隔壁法开挖。该法的特点是各分部增设临时仰拱和两侧交叉开挖，每步封闭成环，且封闭时间短，以抑制围岩变形，达到围岩沉降可控、初期支护安全稳定的目的。该法除喷锚支护及增设足够强度和刚度的型钢或钢格栅支撑外，还应采用多种辅助措施进行超前加固。交叉中隔壁法适用于断层破碎带、碎石土、卵石土、圆砾土、湿陷性黄土、全风化的花岗岩地层的Ⅴ～Ⅵ级围岩及较差围岩。

隧道按左右部分块实施开挖，每块小断面开挖高度大致接近。每块小断面开挖长度为 2～3 m，或不大于该分块断面直径，及时设置临时仰拱封闭、步步成环，尽量缩短成环时间。中隔墙设置为弧形临时支护，隧道左右开挖小断面水平临时支护保持对接一致,螺栓连接牢固。及时进行底部左右小断面开挖封闭支护,并利用回填注浆加固底板。根据监控量测信息,初期支护稳定后拆除中隔壁临时支护,一次拆除长度不超过 15 m,并加强监控量测。临时支护拆除后及时施作隧道仰拱和二次衬砌。

5.单侧壁导坑法

单侧壁导坑法施工与中隔壁法类似,但其导坑开挖断面相对较小。

6.双侧壁导坑法

双侧壁导坑法是采用先开挖隧道两侧导坑,及时施作导坑四周初期支护及临时支护,必要时施作边墙衬砌,然后再根据地质条件、断面大小,对剩余部分采用二台阶或三台阶开挖的方法,其实质是将大跨度的隧道变为三个小跨度的隧道进行开挖。该法施工进度较慢,成本较高,但其在施工安全尤其控制地表下沉方面,优于其他施工方法。此外,由于两侧导坑先行,能提前排放隧道拱部和中部土体中的部分地下水,为后续施工创造条件。因此城市浅埋、软弱、大跨隧道和山岭软弱破碎、地下水发育的大跨隧道可优先选用双侧壁导坑法。在Ⅴ～Ⅵ级围岩的浅埋、偏压及洞口段,也可采用此法施工。

侧壁导坑形状应近似椭圆形,导坑断面宽度宜为整个断面的 1/3。两侧侧壁导坑超前中部 10～20 m,可独立同步开挖初支,中部采用台阶法开发,保持平行作业。导坑开挖后应及时进行初期支护及临时支护,并尽早封闭成环。通过监控量测确定临时支护体系稳定后,拆除临时支护,一次拆除长度不超过15 m,拆除期间加强监控量测。临时支护拆除完成后,及时施作仰拱并进行二次衬砌。

总之,对于硬岩隧道宜采用全断面法与台阶法,分部开挖法适用于软岩隧道。采用台阶法施工时,不宜采用长台阶,因其不利于初期支护及早封闭成环。在采用分部开挖法的硬岩隧道中,爆破作业将会严重破坏已成形的中隔壁,应采取一定的保护措施。

四、隧道施工前期准备工作

（一）方案准备

隧道施工方案应按施工安全、计划、工期等要求进行编制，因此需要在设计图纸的基础上，充分调查工程内容及相关条件等，用详细而综合的视点来研究这些条件和工程内容之间的关系，就施工方法、作业组织、物资器材和设备、施工管理、安全卫生管理、环境保护等方面进行筹划。

编制隧道施工方案时应主要注意以下几点：

（1）根据隧道长度、工期限制、纵坡坡度、围岩条件等对隧道工区进行划分，并考虑周围环境、施工设备、弃渣场地等具体条件，以自然排水为原则，考虑竣工时间一致，从多个对比方案中选择工期短、费用低的有利方案。

（2）考虑隧道断面、工区长度、工期限制、围岩条件、当地条件等，综合研究后选择合理的施工方法。

（3）依据选定的施工方法，计算各工程内容所需天数，通过对关键工序施工速度的调整、施工资源的分配与安排，编制出能满足公司要求、费用低、施工质量有保证的施工进度计划。

（4）当隧道要分几个工区时，或者以洞口为工程安全口施工有难度的情况下，可以采用施工辅助坑道。

（5）为使施工安全、顺利，要基于调查研究的结果规划出与施工规模、施工方法相适应的洞外设施，以及对施工用地和设备的布置。

（6）应基于对当地条件调查的结果，考虑工程规模、施工方法、围岩条件等，选择运输距离短并能存放大量弃渣的场地。

（7）隧道施工会产生噪声、震动、地面塌陷、地表枯水、污浊排水等对周围环境不利的影响，根据环境调查的结果，在编制施工计划时应研究解决措施。

（二）人员准备

确定隧道施工所需要的人员数量时，要考虑隧道的施工方法、工期要求、工区数量等因素。根据施工进度安排和工程数量，包括洞外各项工程、临时工程和附属辅助作业在内，按照工班组织安排劳动计划。编制可以反映各工班工种组成的表格。应特别注意根据施工方法合理配置各工种人员，同时考虑经济性要求。

（三）机械设备选型

施工机械及设备选型的基本原则与人员准备相同，需要综合考虑施工内容及施工条件，保证施工可以正常有序地进行，要在可供选择的多种机械中，考虑各种机械的性能与特点，对应隧道的山体条件、开发面积及相关的作业内容，选定合适的机械并注意互相配套使用。要根据施工方法和施工进度安排供风、供电所需设备的型号、规格及数量。编制机械和设备计划表，应包括管线路、钢拱架、施工台车等。

（四）施工材料准备

应根据工程数量、施工进度和机械运转计划，计算出分年度、季度供应的主要材料数量。隧道施工需要大量的施工生活用水，所以选择稳定的供水源十分重要。要了解隧道范围内的水库、湖泊、河流等水源，调查水源的地点、水量、水质，进行多种供水方案的比较，从中选择既安全又经济的供水方式。

五、场地布置

场地布置应该结合当地地形，因地制宜，避免大规模开挖、平整所造成的浪费。场地布置应注意以下几点：

（1）洞口场地布置应考虑周全，不应遗漏重要项目。一般要综合考虑施工设施、便道、弃渣场地、各种管线、材料堆放场地、车辆停放场地、生活办公设施等工程构筑物、重要地物的平面位置。施工设施包括空压机房、通风机房、混凝土搅拌站、修理车间、钢筋加工厂、蓄水池、发电房、变电站等。管线主要有轨道、供水管、排水管、高低压供电线路等。材料堆放场地有水泥库房、外加剂及锚固剂库房、配件及小型机具库、炸药库、雷管库、钢材库房及砂石料堆放场地。车辆停放场地有运输车辆、装渣机械、衬砌台车、生活用车等。生活办公设施主要包括宿舍、食堂、办公室、浴室、会议室等。

（2）合理布置施工设施、施工便道、材料堆放场地、车辆停放场地，尤其是对于长隧道和特长隧道等工程量大、进度快、施工机械化程度高的项目，更应注意布置的合理性，确保洞内外各项工作协调配合，充分发挥机械效率。一般情况下，空压机房、通风机房、搅拌站应尽量靠近洞口设置；钢筋加工棚、维修车间、发电房应尽量布置在洞口附近，砂石料堆放场地应在搅拌站附近设置，为便于运输，其常常与水泥库房一同规划，场地面积应考虑当地材料情况，即洪汛期储备量。

（3）妥善布置生活房屋、爆破器材库等，以确保施工人员有较好的生活条件和安全保障。隧道施工工期长、劳动强度大、每天工作时间不固定，保持施工人员的良好比例非常重要，所以生活房屋与洞口应保持一定距离，确保工人有安静的环境休息，但不要布置在隧道洞顶附近，以避免生活用水大量渗入隧道，同时考虑避免火灾、洪水、滑坡等灾害的威胁。炸药库、雷管库应分别单独布置，并有一定的安全距离，一般布置在远离施工场地的小山头或背坡上。

（4）灵活布置场地内便道、车辆停放场地、材料堆放场地等，山岭隧道的洞口一般受到地形条件的限制，往往难以一次布置妥当，可以利用弃渣场、洞口路基等逐步发展完善。一般将易于搬迁、变动的场地或前期不急需的场地做二次布置，但是注意二次布置场地时，不应对隧道的正常施工造成延误，或与其他工程施工发生干扰。进场变动应注意其纵坡的设计，以保证材料进场的安全、通畅。

（5）洞口场地布置图的详细程度，应根据工程规模大小确定。长隧道和特长隧道工程量大，施工设施多，机械化程度高，应做场地的总布置图，中短隧道的工程量相对较小，相应所需的施工机械和设备也较少，隧道场地布置图可以从简。

六、进洞方案

因山岭地区峰谷起伏大、地面横坡陡，形成隧道洞口外路基单侧边坡高，隧道与高边坡衔接，桥隧相连。特别是在陡坡、软岩、浅埋、偏压、雨季施工等不利条件下，安全进洞问题更为突出。《公路隧道施工技术规范》虽然提出了"早进洞、晚出洞"的施工原则，但施工时往往由于刷坡、拉槽引起山体边坡失稳甚至产生大滑坡，导致洞口防护工程治理费用增大，边仰坡植被遭到破坏，如治理措施不彻底，容易留下质量隐患，危及洞口运营安全。经验表明，隧道未开挖时山坡是稳定的，如果将"早进洞、晚出洞"的施工原则进一步发展为"不伤坡进洞"，合理选择洞口位置和进洞方案，并借助一些辅助施工措施提前进洞，就能解决洞口的施工问题，保护洞口生态环境和边仰坡的稳定，降低洞口防护成本。

（一）传统洞口段工程的施工方案

我国山岭地区公路隧道设计一般包括洞门、明洞、洞口、洞身等几个部分。洞口段包括边仰坡土石方工程、边坡防护、边墙、翼墙、洞口的排水系统、洞门等。常见的施工程序如下：

（1）施工洞口设置边仰坡的截水沟。公路隧道设计中常在洞口边仰坡开挖线外 5~6 m 处设置环向仰坡截水沟和边坡截水沟，以阻止地表水冲刷和侵蚀边仰坡，同时理顺洞口排水系统。

（2）清除设计边仰坡开挖线内的地表植被。

（3）开挖洞口设计边仰坡的土石方。

（4）施作洞口边仰坡防护工程和洞口支挡工程。施作的洞口边仰坡防护工程和洞口支挡工程有喷射混凝土锚固边坡防护、浆砌片块石边坡防护、边墙、翼墙等。

（5）开挖明洞土石方。在地质不良的情况下，先施作明洞直抵坡脚，并利用明洞支撑坡脚；在地质较好的情况下，可根据情况选择先明后暗法。

（6）进洞开挖或施作洞门。传统洞口段工程施工方法的弊端是，开挖边仰坡土石方破坏原山体的自然平衡状态，如果洞口地质及水文条件差，山体不稳定，一经施工就会不断地出现边仰坡坍塌、顺层滑动、古滑动体复活等现象，给施工带来很大的困难。实际情况往往是，洞口段的防护工程还未施工完毕，坍方就开始了，已修建的洞口支挡结构物也遭到破坏，情况严重时边清边坍反复施工，造成投资大量增加，延误工期。

（二）不伤坡进洞

不伤坡进洞就是在保持洞口原自然坡面情况下，借助一些辅助施工措施，如定位套管、超前锚杆、回填稳定土、钢架喷射混凝土等，形成坡外洞门、提前洞门。不伤坡进洞有如下几项原则：①施工中应尽量减少对原地表的破坏，以保护土体的稳定；②多回填、多支护、少开挖；③采取自下而上的施工方法，先支护后开挖，以减少高边坡的威胁；④尽量不设仰坡环向截水沟，以保持地表的完整性；⑤隧道洞口存在地表滑坡、崩塌、泥石流等自然灾害时，应先治理、后进洞，治理方法可采用桩基、挡墙、锚杆、锚索、注浆、梯级拦沙坝、防护棚等。

1.洞口位置的选择

暗进洞口是隧道明暗施工的分界线，是车辆进出覆盖层的起点和终点，洞口位置的选取和施工顺利与否关系重大。洞口位置的选定应最大限度地保护山体的自然状态，根据地形、地质、水文条件，着重考虑隧道洞口边仰坡的稳定等因素，确保施工时安全进洞，并有利于行车安全和自然环境的保护。我国公路隧道设计中习惯将洞顶自然覆土高度作为选择洞口位置(即暗进起点)的条件之一,一般要求洞口自然覆土层厚度不小于 210 m。由于公路隧道设计跨径大、净空高,即使先开挖起拱线以上部分,边仰坡高度也可达几十米。在陡坡、偏压、地质不良的情况下,很难保证坡体稳定。可以采取回填稳定土的方法,将洞顶覆土高度回填到设计要求的高度,作为进洞时超前管棚的承载体。因此,在地质不良的情况下,洞口位置的选择应以不伤害自然坡体稳定为原则。在地质条件较好的情况下,可不受此限制。

2.正确安排施工顺序

合理的施工顺序是进洞成败的关键,一般施工单位在完成边仰坡排水系统后,就会开挖边仰坡及明洞土石方至洞口,这种施工方法对山体陡峭的地形并不适用,会造成边坡过高、防护工程量大,而且安全也难以保证。建议采用明洞暗进的方法,以减少明洞土石方开挖,待进洞后,反过来根据地形延长明洞或施作洞门。实践证明,这种方法对保障进洞安全是非常有效的。

正确的施工顺序为:①选择洞口位置;②理顺洞口排水系统;③借助辅助施工措施形成坡外洞门;④进洞开挖形成上弧导开挖面(开挖长度根据实际情况确定);⑤延长明洞或施作洞门;⑥完成剩余的支挡结构及水沟;⑦正式进洞开挖。

3.明洞暗进

明洞暗进就是将传统的明洞明做的施工方法改为暗进施工的方法,利用回填土体作洞顶覆盖层,以减少边仰坡开挖工作量,保护山体自然平衡。可设置明洞的情况包括以下几种:①洞顶覆盖层薄,不宜大开挖修建路堑又难于用暗挖法修建隧道的地段;②路基或隧道洞口受不良地质、边坡坍方、岩堆、落石、泥石流等危害又不易避开、清理的地段;③铁路、公路、沟渠和其他人工构造物必须在该公路上方通过,不宜采取隧道或立交桥涵跨越式;④为了保持洞口自然环境而延伸洞口时。

实际上,除了少数特殊情况外,大多数山岭公路隧道明洞均可采用暗进法施工,明洞暗进法是实现不伤坡进洞最有效、最实用的办法。

七、水压爆破

（一）水压爆破的工艺原理

隧道水压爆破是利用在水中传播的爆破应力波对水的不可压缩性，使爆炸能量经过水传递到炮眼围岩中几乎无损失，十分有利于岩石破碎。同时，水在爆炸气体膨胀利用下产生的"水楔"效应有利于岩石进一步破碎，炮眼中有水可以起到雾化降尘作用，大大降低粉尘对环境的污染。

水压爆破的主要工艺原理：

（1）炸药在爆炸时产生的冲击波，在水中的衰减速度要远远小于在空气中衰减的速度。所以在炮孔底部加入一定量的水袋，使炸药产生的冲击波通过水袋直接作用在岩石上，能大大减少炸药能量的消耗，提高炮眼利用率。

（2）炮眼中的水袋，在炸药爆炸的作用下，会产生"水楔"效应，由于水携带的能量远远高于气体携带的能量，因此水楔的劈裂作用要大于气楔，有利于围岩的进一步破碎，减小爆破产生的大块率。此外，水袋在爆炸的作用下会产生雾化作用，可以吸收粉尘，降低爆破后的粉尘浓度，减少爆破后对环境的污染。

（3）由于采用了炮泥加水袋堵塞，避免了炸药能量的外泄，炸药能量充分利用在爆破岩石上，使得爆破效率提高，减少了炸药的消耗，提高了隧道开挖的经济效益。

（4）当炸药与介质直接接触爆炸时，炸药爆炸后在高温高压作用下，介质产生塑性流动和过粉碎，消耗大量的能量。这部分介质破碎所需要的能量属于无用功。而水压爆破靠水的传能作用，水中冲击波均匀地作用于介质，介质只发生破裂，而不产生塑性流动和过粉碎，从而提高了能量的利用率。

（二）水压爆破的工艺流程

1. 放样布眼

钻眼前，技术人员用全站仪打出炮眼位置，测量人员用红油漆准确标出炮眼位置，其误差要求不超过 5 cm（距开挖面每 50 m 埋设一个中线桩，每 100 m 设一个临时水准点）。

2. 定位开眼

采用钻孔台车辅以风动凿岩机钻孔，其轴线与隧道轴线要保持平行。就位后按炮眼布置图正对钻孔。对于掏槽眼和周边眼的钻眼精度要求比其他炮眼高，开孔偏差控制在 5 cm 以内。

3. 钻孔

按照不同孔位，由钻工定点定位。钻工要熟悉炮孔作业布置图，能熟练地操作凿岩机械，特别是钻周边眼，一定要由经验丰富的钻工负责钻孔，并有专人指挥，确保周边眼有准确的外插角，使两茬炮交界处偏差不大于 15 cm。同时，根据孔口位置岩石的凹凸程度调整炮眼深度，保证炮眼底在同一平面上。

4. 清孔

装药前，用炮钩和高压风将炮眼内石屑、水及其他杂质全部清理净。

5. 装药

装药需分片分组，按炮眼设计图确定的装药量自上而下进行，雷管要"对号入座"，要定人、定位、定段别，不得乱装药。所有炮眼均以炮泥堵塞，堵塞长度不小于 30 cm。

6. 起爆网络的联结与起爆

起爆网络采取孔内延期微差、孔外簇联的起爆方式，各孔外数字即雷管的段别号，各引爆雷管之间采取并联的方式，以保证起爆网络的可靠性和准确性。联结时要注意：导爆索的连接方向应准确，连接点应牢固；导爆管不能打结和拉细；引爆雷管用黑胶布紧紧包扎在离一簇导爆管自由端 10 cm 以上处，网络联好后，要有专人负责检查，确认无误后，方准起爆。起爆顺序：光面爆破时，从掏槽眼开始，一层一层向外进行，最后是周边眼、底板眼。为确保安全，采取非电法起爆，即针孔式起爆器起爆，引爆点捆绑两发同段的非电雷管，导爆管引线保证在 200 m 以上，必要时起爆点可采取临时防护措施。

7.爆破警戒

（1）警戒范围

警戒区为沿隧道轴线方向出洞外 300 m，以洞口位置与隧道轴线垂直方向两侧各 50 m 为警戒点，以这 3 个警戒点为基准点确定的半椭圆边界为警戒边界线，进而确定警戒范围，爆破时警戒区内严禁有无关人员在内。装药时应在警戒边界设置明显标志并派出岗哨；执行警戒任务的人员，应按指令到达指定地点并坚守工作岗位。隧道掘进 30 m 以后，可只在隧道洞口警戒，但沿隧道轴线方向与爆点距离 300 m 范围内不得有人员、机械设备。

（2）信号

①预警信号：该信号发出后，爆破警戒范围内开始清场工作。

②起爆信号：起爆信号应在确认人员、设备等全部撤离爆破警戒区，所有警戒人员到位，具备安全起爆条件时发出。起爆信号发出后，准许负责起爆的人员起爆。

③解除信号：安全等待时间过后，检查人员进入爆破警戒范围内检查、确认安全后，方可发出解除爆破警戒信号。在此之前，岗哨不得撤离，不允许非检查人员进入爆破警戒范围。

各类信号均应使爆破警戒区域及附近人员能清楚地听到或看到。爆破施工前，必须与周边单位、居民、社区进行有关爆破施工的协调会，与周边单位、居民、社区在爆破施工时间、次数、爆破规模的大小等问题上达成一致，根据相关意见实施爆破作业。在爆破作业前，应做好周边安全警示牌的设置工作，张贴爆破通告，并做好周围建筑物的安全评估和原始情况记录（摄像、拍照、房屋鉴定等）。

（三）水压爆破的施工要点

1. 炮泥制作

（1）炮泥采用黏性土或红土，土中不得含有碎石、杂草等，砂采用干净的细砂，含水量控制在 3%以下。黏土和砂掺杂小碎石块时应过筛处理，以防止碎石堵塞炮泥机。

（2）制作好的炮泥不要在太阳下暴晒和长时间放置，以免失水变硬。

（3）炮泥制作要软硬适中，表面光滑，确保炮泥的封堵质量。

2. 水袋制作

（1）水袋需饱满，应坚实挺拔，方便装填炮眼，对于不饱满的水袋或漏水的水袋要清除或于最后封堵炮泥时使用。

（2）经现场实际使用，水袋袋厚应以 0.8 mm 左右为宜。过薄则承载力小，易变形又容易被划破。

3. 爆破设计

（1）水压爆破前要对隧道常规爆破参数进行验证，如炮眼间距、装药量、最小抵抗线等，首先保证爆破参数正确，水压爆破才能达到预期目标。

（2）水袋、炸药、炮泥安装要准确、合理。水袋与炮泥需连接紧密，如空隙较大会影响爆破效果，爆破进尺会大幅缩小。对于炮眼的清洗要严格认真，防止在装填水袋时对水袋造成破坏。

八、施工通风

（一）隧道施工通风方式

通风方式按动力可划分为自然通风和机械通风。自然通风又有两种方式：一是隧道开挖长度小于 150 m，依靠气体自然扩散稀释通风；二是隧道进风口与出风口之间存在高差和温差，依靠高差和温差产生的气流来实现隧道通风。

1.基本通风方式

隧道施工通风的基本方式主要有压入式、抽（排）出式、混合式和巷道式。各通风方式的具体布置如下：

（1）压入式通风。压入式通风是将轴流风机安设在距离洞口 30 m 以外的新鲜风区（上风向），通过通风管将新鲜风压送到开挖工作面，稀释有害气体，并将污风沿隧道排出洞外。此方式基本不受施工条件限制，在目前施工生产中应用很广泛。

（2）抽（排）出式通风。此方式细分为抽出式和排出式：抽出式通风是将通风机安设在距离洞口 30 m 以外的下风向，通过刚性负压风管将开挖工作面产生的污风抽出洞外，新鲜风沿隧道进到开挖工作面；排出式通风是将通风机安设在开挖工作面污染源附近，通过通风管将污风排出洞外，洞外通风管出风口也需在距离洞口 30 m 以外的下风向，新鲜风也是沿隧道进到开挖工作面。

（3）混合式通风。混合式通风是将压入式与抽（排）出式联合布置的一种通风方式。压入式通风机安设在洞口到抽（排）出式通风进风口之间的合适位置，与抽（排）出式通风进风口保持 10 m 以上的间距，抽（排）出式通风的出风口应设置在距离洞口 30 m 以外的下风向，新鲜风由压入式通风机通过风管压送到开挖工作面，污风到达抽（排）出式通风进风口处被吸入排出洞外。混合式通风具体还可细分为长压短抽（排）式、长抽（排）短压式和压抽（排）并列式等。

（4）巷道式通风。巷道式通风一般应用在有联络通道的平行双洞条件下，在辅助坑道（斜井、横洞、竖井等）贯通的情况下有时也可以局部采用。巷道式通风可细分为主扇巷道式、射流巷道式（包括辅助坑道巷道式）。

2.新型通风方式

很多长大和特长隧道为了实现长隧短打和多开挖工作面快速施工，都是采用增设辅助坑道的方式，但是辅助坑道大都断面较小，难以布置足够多的通风管路，并且多数辅助坑道也较长，进入正洞施工后独头送风距离会很长。目前，多数隧道施工采用无轨运输，不适合采用混合式通风，单独采用压入式通风又不能提供足够大的风量和风压，通风机联合工作（并联和串联），在操作和控制上很难做到恰到好处，致使现场的通风效果很不理想。为了解决这一难题，单斜井双正洞射流巷道式通风和中隔板风道式通风应运而生。由于这两种新型通风方式还处在实验、应用和研究阶段，并不十分成熟，所以下面只进行简单介绍。

（1）单斜井双正洞射流巷道式通风。单斜井双正洞射流巷道式通风分为有轨和无轨两种布置方式，有轨方式是集中排出污风，无轨方式是集中利用新鲜风，均采用射流风机引导风流按指定路线流动，有主扇和局扇之分。要求主扇采用小功率大风量风机，局扇后面的横通道必须及时封闭，无轨运输时，运输车辆不准进入新鲜风区。此方式可以提供足够大的新鲜风量，缩短独头送风距离和降低风阻，在包家山隧道已经初步实验应用，并取得了良好效果。

（2）中隔板风道式通风。中隔板风道式通风是对单斜井双正洞射流巷道式通风的改进，此方式取消了主扇，利用密封隔板将辅助坑道分为上下两个通道，上部断面较小，用来引进新鲜风（利用射流风机引射增压），下部过往运输车辆、行人和排出污风。轴流风机全部安设在辅助坑道与正洞连接处附近，进风口与上部风道密封连接，出风口通过风管向各开挖工作面压送新鲜风。此方式要求隔板密封严密，比较适合辅助坑道较长的情况。

（二）通风使用条件和注意事项

（1）压入式通风基本不受施工条件限制，是目前采用最多的通风方式，应根据所选设备性能和匹配情况来确定最长送风距离。目前国外在风机和风管研制方面技术比较领先，通风设备性能较好，所以独头送风距离较远，而国内生产的风机和风管的质量和性能相对较差，送风距离也相对短得多。

（2）抽（排）出式通风比较适合应用在有轨运输条件的隧道中，可以保证全隧道不被污风污染。注意抽出式通风必须采用负压风管，在含有瓦斯等可燃、爆气体的隧道施工环境中均必须采用防爆型风机。实际应用时进风口与开挖工作面的距离很难控制，所以在实际隧道施工生产中很少单独采用此通风方式。

（3）混合式通风中如果压入式风机安设在洞内，就只适合在有轨运输条件下应用（避免新鲜风被尾气和扬尘污染）；如果压入式风机安设在洞外，就基本不受施工条件限制。此方式的可靠性比前两种要强得多，实际应用中多数都是将压入式风机安设在洞内来缩短送风距离。注意对通风设备进行合理匹配和布置，避免压入式风机被污风污染。此外，一般抽（排）出式风机的排出风量大于压入式风机的压入风量。

（4）巷道式通风目前多数应用在有联络通道的平行双洞条件下，在辅助坑道贯通的情况下有时也可以局部采用。应用时要保证新鲜风流路线是人员进出的通道，污风路线是运输车辆进出的通道，并且必须将主扇和射流风机设置在断面较小的隧道一边，以使主扇和射流风机发挥良好的性能。主扇巷道式需要单独设置风机房、风道和风门，主扇功率很大，风门漏风严重则不便管理，考虑到节能、降低成本和操作的方便性，此通风方式在隧道施工中已很少采用。射流巷道式目前应用较多，此方式可以实现多开挖工作面平行作业，布置和操作方便；但是在实施过程中必须加强管理，要求封堵的横通道必须及时封闭严密，运输车辆必须按指定路线行走，射流风机必须按要求安设，以防止污风循环和风流短路的发生。

（5）单斜井双正洞射流巷道式通风适合辅助坑道断面净空较大、开挖工作面多需风量大、正洞送风距离长的条件，必须在双正洞中采用。为了集中利用和合理分配有限的风量，依据辅助坑道断面尺寸，合理布置集中风量所需的风管。主扇应选择小功率大风量的，射流风机安设位置要合理，严禁将射流风机安设在无循环通路的死胡同内，需要封闭的横通道必须及时封闭，并且必须封堵严密。新鲜风区内严禁无轨运输车辆进入，运输车辆必须统一调度，按照规定路线行走，避免发生污风循环。

（6）中隔板风道式通风适合辅助坑道断面净空较小且较长、开挖工作面多需风量大、送风距离较远的条件，正洞采用单洞或双洞均可。要求隔板材料经济、坚固、耐久、密封性好，风道断面尺寸合理，射流风机根据计算风量、风速和风阻合理布置。注意在洞口处隔板必须延长出 20～30 m，根据风向选择下部或上部密封箱式。如果排污风流与风向同向，那么将下部运输通道设置成密封箱式，隔板上部还需设置竖向挡板来阻挡下部排出的污风，以免污风被风道卷吸发生污风循环；如果排污风流与风向反向，那么将上部风道设置成密封箱式，使新鲜风进风口处在上风向；如果风向是从侧面吹过来的，那么根据与排污风流的交角选择合适的布置方式，避免发生污风循环。隔板不应像吊顶一样安装，应该将龙骨设置在风道外表面，以保证风道内表面光滑，降低通风阻力。

（三）发展与建议

（1）目前山岭隧道断面较大，平行作业工作面较多，需要提供的风量很大，建议开发研制新型节能的小功率大风量风机。

（2）独头送风距离较长、通风阻力很大，要求风机提供的风压也很大，目前国内很多通风管达不到质量要求，难以承受大风压，其他性能参数也达不到要求。建议改进风管的材质和加工工艺，使其强度和密封性提高，漏风率和摩擦阻力因数降低，以达到节能要求。

（3）建议对单斜井双正洞射流巷道式通风和中隔板风道式通风做进一步研究，在应用中不断完善。

（4）建议对高海拔地区自然状况下的空气参数和隧道施工污染源进行研究，制定出适合高原地区隧道施工通风的相关规范和设计标准，因为目前的标准和规范大都不适合高原地区隧道施工通风。

九、洞渣运输

洞渣运输注意事项:
(1)运输方式分有轨式和无轨式,应根据隧道长度、开挖方法、机具设备、运量大小等选用。
(2)长隧道施工时,应根据施工安排编制运输计划,统一调配,确保车辆运输安全,提高运输效率。
(3)采用有轨式运输时,洞外应根据需要设置调车、编组、出渣、进料、设备整修等作业线路;洞内应铺设双道,在单道地段,错车线的有效长度应符合最长列车运行的要求。
(4)有轨式运输的线路铺设标准和要求如下:
①钢轨人力推运时,单位长度钢轨质量不应小于 8 kg/m;机动车牵行时不宜小于 24 kg/m。钢轨配件、夹板、螺栓必须按标准配齐。
②道岔型号应与钢轨类型相配合。机动车牵引宜选用较大的型号,并安装转辙器。
③轨枕间距不宜大于 70 cm,长度为轨距加 60 cm。轨枕的上下面应平整。在道岔处应铺设长轨枕。
④平曲线半径洞内不应小于机动车或车辆轴距的 7 倍,洞外不应小于 10 倍。
⑤道床可利用洞内不易风化的石渨作为道砟,厚度不宜大于 15 cm。
⑥双道的线间距应保持两列车间净距大于 20 cm,错车线外应大于 40 cm。
⑦车辆距坑道壁或支撑边缘的净距应不小于 20 cm,单道一侧的人行道宽度不宜小于 70 cm。
⑧纵坡洞内人力推车时不宜大于 1.5%,机动车牵引时不宜大于 2.5%,皮带运输机输送时不宜大于 25%。
⑨线路铺设轨距允许误差为 +6 mm、−4 mm,曲线地段应按规定加宽和设超高,必要时加设轨距拉杆;直线地段应两轨平整。钢轨接头处应并排铺设

两根枕木，保持平顺，连接配件应齐全牢固。

⑩当采用新型轨式机械设备时，线路铺设标准应符合机械规格、性能的要求，保证运输安全。

（5）有轨运输作业应遵守下列规定：

①机动车牵引不得超载。

②车辆装载的高度不超过斗车顶面 40 cm，宽度不超过车宽。

③列车连接必须良好，利用机车进行车辆的调车、编组和停留或人力推动车辆时，必须有可靠的制动装置，严禁溜放。

④车辆在同方向行驶时，两组列车间的距离不得小于 60 m；人力推斗车时，间距不得小于 20 m。

⑤在洞内施工地段、视线不良的弯道上或通过道岔和洞口平交道等处，机动车牵引的列车运行速度不宜超过 5 km/h；其他地段在采取有效的安全措施后，最大速度不应超过 15 km/h。

⑥轨道旁的料堆，距钢轨外缘不应小于 50 m，高度不大于 100 m。

⑦长隧道施工应有载人列车供施工人员上下班使用，并应制定保证安全的措施。

（6）洞内采用无轨式自卸卡车运输时，运输道路宜铺设简易路面。道路的宽度及行车速度应符合下列要求：

①单车道净宽不得小于车宽加 2 m，并应隔适当距离设置错车道；双车净宽不得小于 2 倍车宽加 2.5 m；会车视距宜为 40 m。

②行车速度，在施工作业地段和错车时不应大于 10 km/h；成洞地段不宜大于 20 km/h。

（7）运输线路或道路应设专人按标准要求实行维修和养护，使其经常处于平整、畅通的状态。线路或道路两侧的废渣和余料应随时清除。

（8）运输车辆的性能必须良好，操作时应符合相关的安全管理规定。

（9）先拱后墙法施工时，如采用卡口梁作运输栈道，在卡口梁下应加设立柱支顶，以保证栈道上的运输安全。

十、下穿高铁隧道的山岭隧道施工工艺参数优化研究

（一）安定隧道 DK142+890 段隧道工程概况及现场试验

1.安定隧道 DK142+890 段隧道工程概况

安定隧道位于南溪河站—墨江站区间，其中本标段为先期开工段工程，本标段施工从安定隧道 3 号斜井起 DK134+311，至出口里程为 DK142+965，全长 8 654 m。本施工隧道在 DK142+890 附近下穿 G213 国道，隧道拱顶距离路面约 40 米。DK142+875—DK142+885 段除严格按照设计技术措施施工外，拟增强监控量测及增强超前支护和增强初期支护措施，以确保施工安全。

2.下穿段支护结构

超前支护采用 Φ108mm 长管棚，并采用型钢钢架及 Φ76 中管棚加强支护施工法为三台阶临时仰拱法，支护结构采用初期支护加强型衬砌结构，同时施工中应控制爆破，严密监测公路沉降，每天对地面进行监测，如发现问题立即采取相关措施以策安全。

（1）开挖爆破要求

本隧道洞口 DK142+896—DK142+950 段线路左侧有一小型浅表层滑坡，洞口段施工采用人工配合机械或者控制爆破，以免扰动滑坡体；施工下穿公路段时应对国道进行交通管制，对车辆限速行驶，采用控制爆破时要求地表安全允许质点振动速度不得大于 2 cm/s。

（2）监控量测要求

该段施工前线路两侧各 55 m 范围，平行于公路边设置防撞墙；并于地表埋设监测点，每段埋设 2 列，共 10 个地表测点，沿公路平行布置，均匀分布在隧道中线两侧。施工期间对监测网进行实时监测，若发现路面出现较大变形或者沉降，立即加强支护，提高监测频率并及时通知相关单位，以便处理

3.下穿段范围外现场试验

（1）试验目的

该路段采用上下台阶法施工，监测试验的主要目的是以拱顶沉降试验数据对数值模拟力学参数进行反演与调整，得到最接近现场实际的围岩力学模型参数，为隧道下穿段施工参数优化提供计算依据，确保新建隧道进入下穿段后施工安全顺利推进。

（2）试验方法及内容

根据隧道工程地质特点选定监控量测项目，依据施工设计的相关规定，隧道净空收敛量测选取较有代表性的断面，每个断面以 10 m 间距进行测点布设，水准基准点采用现浇混凝土标石埋设在基岩或原状土层中，每隔 6 个月复测一次。隧道净空变化监测试验所用仪器为高精度全站仪，以膜片回复反射器作为测点目标，拱顶下沉测点和净空变化测点布置在同一断面上，测点通过焊接或钻孔预埋提前布置于设计位置，采用高精度水准仪和收敛计与量测基点进行联测。按照不同的隧道开挖方法布置相对应的测线。依据明月山隧道开挖施工方法，采用的台阶法施工布置拱顶下沉测点 3 个，收敛测点 4 个；中隔壁法施工布置拱顶下沉测点 3 个，收敛测点 6 个。

（3）试验数据及分析

为及时提供施工所需围岩稳定情况和支护结构状态，通过修正施工参数来提高施工效率与安全性，铁路山岭隧道施工阶段监控量测以拱顶下沉、两帮收敛为主要内容，同一断面监测时间为 30 d，其中前 7 d 做连续监测记录，往后每 3 d 监测记录一次，变形收敛稳定后结束监测，进行二次衬砌施作，拱顶下沉与两帮收敛时间序列曲线值与围岩力学性质、支护结构、施工参数等因素密切相关。此外，由于施工现场监控量测所得数据为初期支护建立后的围岩形变，因此初期支护施作效率和监控量测工作启动的及时性对观测结果也具有相当的影响。通过分析可以看出，新建隧道围岩拱顶沉降开挖支护前期增长较快，曲线增长率较大；约 10 d 后初期支护逐步起到支撑作用，围岩承载能力逐渐提高，形变速率呈现快速降低的趋势，形变量趋于稳定。五断面拱顶沉降累积值均在 9 mm 左右，其中拱顶沉降最大处断面总沉降量为 10.1 mm；两帮收敛值在开挖初期同样增长较快，在约 6 d 后增长速率快速放缓，五断面、两帮收敛累积值均在 2.6 mm 左右。由于实际施工量测工作的客观条件限制，所得变形时间曲线中并不包括围岩体开挖瞬间产生的近弹性变形以及初期支护施作前的弹塑性变形，因此曲线所反映的变形规律可认为均由岩土体自身的流变性质产生，而流变现象可通过岩土体弹性模量随时间变化的关系反映出来，体现了与时间的强相关性。

（二）安定隧道 DK142＋890 段隧道下穿段施工参数优化

隧道开挖时，其在变形沉降、振动控制等方面有着极为严苛的要求。而上部既有隧道与新建隧道开挖掌子面净距较小，开挖活动对围岩体的扰动将导致已有隧道结构发生移动和变形，进而引起隧道结构内力的变化。因此，交叉下穿既有隧道段施工的安全风险比一般分离式隧道施工高，不仅要保证新建隧道开挖周边围岩的稳定，同时还要兼顾已有隧道结构的位移与内力情况，在不影响其安全正常运行的条件下推进。

1.隧道施工过程力学状态演化特征

目前，隧道施工多采用新奥法理论和思想，其主要施工工序为：超前地质预报→打眼装药→爆破开挖→通风出渣→初期支护→监控量测→施作二衬。容易看出，围岩体与支护结构的力学行为演化是随时间变化的连续过程。首先定义若干隧道施工过程中的重要时间节点：t_1 为隧道初期支护完成时刻；t_2 为监控量测起始时刻；t_3 为隧道围岩变形收敛时刻；t_4 为施作二次衬砌时刻。

$t_1 \sim t_2$ 时间段，为初期支护建立到监控量测开始。此时段内，初期支护起到支撑作用，围岩与支护的共同承载能力逐渐提高，形变速率快速降低，形变量趋于稳定。由于客观条件的限制，$0 \sim t_2$ 时间段内的围岩变形量在现场实际施工中是无法测量的。$t_2 \sim t_3$ 时间段，为监控量测开始到围岩变形收敛。该时间段内的应力应变情况与围岩支护结构本身力学性质和现场施工支护参数相关，是施工全过程中最关键的时期。监控量测数据即为该时间段形变量，其值可为施工参数调整优化提供重要依据。$t_3 \sim t_4$ 时间段，为围岩变形收敛到二次衬砌施作。由于围岩变形已经收敛，围岩变形速率极小。此时段内保证定时定量的监控量测，排除围岩出现大变形情况。$t_4 \sim \infty$ 时间段，为隧道二次衬砌结构完成后的运营阶段。在该阶段中，隧道衬砌与围岩基本稳定，但是在有流变性质的岩体中，当承受荷载的作用时间足够长，岩体也可能发生破坏。此时评价岩体稳定性的指标应当改变为岩石的长期强度。

在以上连续的各个时间段中，不难看出围岩的弹塑性变形在 t_2 时刻已经完成，后续时间段的变形均为围岩的流变变形，即监控量测所得曲线的主要原因为岩石的流变性质。因此，数值模拟计算中采用的数学模型也应当能够体现岩石流变，以此为基础的数值计算结果才能与实际情况相符，为实际施工提供参考。

2. 隧道下穿段施工工艺参数优化

一般来说，当我们需要对多个影响因素的（三个或三个以上）不同水平对试验指标的影响进行研究时，全面试验数量巨大且非必要。因此我们在试验设计时，自然而然地想要找到一种既能避免全面试验又能达到试验目标的分析方法。正交试验设计的原理是依据正交特性，从全面试验中挑选出部分具有代表性的组合点，这些组合点均匀包含所有水平，能够在保留主要信息且达到试验目的同时大大减少试验次数。它通过设计正交表安排试验，分析多因素多水平对试验指标值的不同影响，是全面试验法的优化升级，是一种高效、快速并且经济的试验设计法，凭借其优越性在工业工艺升级、农业药物配比、产品开发等很多领域的研究过程中得到广泛应用。

（三）山岭隧道下穿既有铁路隧道施工工法

随着我国道路基础设施的大力发展，隧道工程项目如城市地铁、综合管廊、铁路或公路山岭隧道的数量与日俱增。当今社会，人们对隧道建设的时间和空间都提出了更高的要求，在时间上保证施工工期与施工安全的同时，需要在相对有限的国土空间资源内建设更多交通设施与网络，由此就出现了多个构筑物在相对接近的空间内交叠穿越的工程现象，如为满足不同交通线路需要而建设的铁路隧道与公路隧道，而在工程实践中往往采用下部穿越的方法解决实际问题。下穿隧道工程的特点是施工方法及工序复杂、难度大、风险高，施工过程中会在既有铁路隧道上产生附加应力、沉降变形和额外振动，既有隧道的存在也将反作用于新建隧道周边岩体，使其应力应变场不同于分离式隧道，增加了隧道施工期的安全风险。如何保证新建隧道安全穿越，并且保证原有结构稳定成为亟待解决的重要安全问题。根据上述交叉下穿隧道的施工特点，必然需要将隧道开挖分阶段进行，在不同阶段采用不同的开挖方法与支护参数，合理分配隧道施工资源与技术，基于时间效应研究分析既有隧道应力应变情况和发展规律，为施工中段施工方案变化、监测标准的提出提供必要的基础信息；研究基于多因素指标对上下隧道变形应力变化敏感性分析，是实现下部隧道安全穿越、上部隧道安全运营的保证。基于上述情况，通过开展铁路山岭隧道交叉下穿既有公路隧道施工技术研究，形成了适用于铁路山岭隧道交叉下穿既有公路隧道的施工工法，在保证隧道施工安全的情况下，使用钻爆法与机械开挖相结合的作业方式，以提升交叉下穿隧道建设质量和速度。

安定隧道 DK142+890 段隧道地质情况为：本线上覆第四系全新统滑坡堆积层（Q4）粉质黏土、碎石土、坡洪积层（Q4）粉质黏土、粉质黏土（软塑）、细角砾土、破残积层（Q4）粉质黏土、细角砾土、粗角砾土。下伏基岩为三叠系上统一碗水组下段（T3ya）砂岩、泥岩夹砂砾岩、砾岩；二叠系上统（P2）泥岩、砂岩夹炭质泥岩、灰岩煤线；志留系中统（S2）泥岩、砂岩夹页岩、灰岩；下统（S1）泥岩、页岩夹砂岩、炭质页岩；印支期侵入（βμ5）辉绿岩及断层角砾（Fbr）。因此，工程地质条件复杂，施工安全风险大；工程地质特殊，不良地质和特殊岩土分布广，存在工程地质风险，工程风险高。

根据围岩状况与施工生产安全、施工进度、成本等多方面因素，Ⅱ级围岩设计台阶法开挖，根据现场实际地质情况（掌子面围岩岩性为灰色、青灰色弱风化凝灰熔岩，节理裂隙局部较发育，整体性好）和施工进度要求，开挖方法变更为全断面法，由原来每天进尺4 m提升为每天进尺6~8 m。Ⅲ级围岩设计台阶法开挖，根据现场实际地质情况（掌子面围岩岩性为灰色、深灰色弱风化凝灰熔岩，节理发育，稳定性较好）和施工进度要求，部分Ⅲ级围岩变更为全断开挖，由原来每天进尺4 m提升为每天进尺6~8 m。Ⅳ级围岩设计为台阶法，根据现场实际围岩情况，符合设计围岩，采用台阶法开挖，每日进尺2~4 m。Ⅴ级围岩设计为双侧壁导坑法开挖，在实施一段后由于此开挖方法安全系数高，但开挖速度慢，每日进尺0.6 m，对工程进度有所制约。在后续施工中由原设计双侧壁导坑法变更为三台阶预留核心土法，把每日进尺速度提升一倍，在原材料上也大大节省。

1.工法特点

（1）深入分析研究了隧道施工过程力学状态演化特征和围岩变形趋势，采用了基于连续介质模型的有限元数值计算方法，实现了隧道施工全过程动态模拟，能够预测实时的拱顶沉降和水平收敛值，并掌握隧道及其支护结构的受力特征。

（2）将新建安定隧道DK142+890段隧道全施工段按照与交叉下穿段的距离分为四个不同的施工区间，每个区间采用不同的施工工艺与支护参数，在保证施工安全的前提条件下，更经济、更高效地完成新建隧道的修建。

（3）以数值模拟优化方法得到合理的初期支护时间、二衬跟进距离、隧道施工错距等支护参数，保证新建围岩及支护结构稳定的同时兼顾既有隧道衬砌沉降。

（4）及时处理反馈现场监控量测数据，结合数值模拟结果进行施工指导，动态修正施工方法和相应支护参数，保证数值计算模拟过程及结果与施工相吻合，并确保施工进度和施工安全。

2.适用范围

本方案适用于安定隧道DK142+890段隧道施工，也可为山岭隧道交叉下穿施工段提供工法参考。

3. 工艺原理

针对山岭隧道与交叉下穿段施工工艺特点，提出了采用考虑围岩流变效应的隧道施工全过程数值计算方法，在施工准备阶段，指导交叉下穿段新建隧道的设计施工。将完整新建隧道段按照与交叉下穿点的不同距离分为多个施工段，具体包括无天窗时间要求的控制爆破区、有天窗时间要求的控制爆破区、非爆破开挖段、非爆破开挖支护加强段，每个施工区间采用不同的支护工艺参数及技术方法，其中以铁路隧道前后 50 m 范围的非爆破开挖支护加强段为重点，具体阐述其掘进方法与施工组织设计。在准备阶段对交叉下穿段隧道施工全过程进行数值模拟，可以有效指导施工工艺与支护参数的设计与调整。在非爆破开挖支护加强段设置合理的初期支护时间、二衬跟进距离、隧道施工错距等支护参数，将施工对围岩的扰动变形降至较低水平，为后续初期支护与二次衬砌创造良好的围岩条件。在其他施工阶段过程中，对初期支护时间、二衬跟进距离、隧道施工错距进行优化，按照规定的监控量测方案对围岩变形以及支护结构应力应变状态进行实时监测，根据监测结果进行数据分析并实时反馈施工意见给现场施工，不断优化支护参数，形成最优方案，在保证施工安全稳定的同时提高施工效率。

4. 施工工艺流程及操作要点

安定隧道 DK142+890 段隧道分阶段施工流程：无天窗时间要求的控制爆破区（长度 1 800 m）→有天窗时间要求的控制爆破区（长度 150 m）→非爆破开挖段（长度 23 m）→非爆破开挖支护加强段（长度 90 m）→非爆破开挖段（长度 47 m）→有天窗时间要求的控制爆破区（长度 150 m）→无天窗时间要求的控制爆破区（长度 1 800 m）。

（1）操作要点

①超前地质预报。隧道进洞前以及每隔一定进尺需要通过地质雷达、地质素描、超前钻孔等方法，对隧道周边围岩以及工作面前方地层岩性、地质构造等地质信息进行预报，为隧道的现场施工提供指导意见。

②初期支护。下穿沪蓉铁路加强段采用 S5at 加强衬砌类型，开挖采取非

爆破CD法施工，加强段S5at段衬砌类型初期支护施工后必须及时跟进仰拱和二衬，控制二衬与掌子面距离≤30 m。非爆破开挖支护加强段主要采用CD法非爆破施工工艺开挖，采用机械加人工的方式进行施工。

（2）施工工序

在衬砌加强段（S5at衬砌）CD法机械开挖施工中，既有铁路隧道对沉降要求高，需要在建公路隧道及时封闭、及时支护。本工法采用机械（挖掘机＋破碎头）辅以人工配合开挖，开挖循环进尺与设计钢拱架间距相同，即每次开挖进尺为一榀钢拱架距离0.5 m。

（3）下穿段外围控制爆破施工方法

在铁路隧道外缘以外50～1 000 m范围内，采用控制爆破，其中铁路隧道外缘以外50～200 m范围内施工应严格控制爆破震速≤1 cm/s。根据围岩地质条件，下穿段外围采用两台阶微差松动控制爆破技术施工，循环进尺不大于1 m，须严格控制爆破量。

第七节　铁路隧道施工技术常见缺陷及改进措施

铁路隧道施工工序较为复杂。铁路隧道工程施工作业涵盖多种工序与作业段，这些工种之间相互配合衔接，是确保隧道建设稳定实施的关键。此外，隧道作业区域的工作面十分狭窄，区域内部作业器械众多，开挖以及衬砌铺设环节涉及大规模进料、出渣等运输活动，这就让现场施工难度进一步增加。此外，铁路施工工程的进度控制与质量控制标准较高，施工单位需结合现场作业环境以及施工建设标准，提前做好相关规划，但隧道作业带有很强的不可控性，作业段经常会出现突发危险，这也同样加大了施工作业的安全管理难度。

铁路隧道施工作业现场环境恶劣。在铁路隧道施工建设环节，岩层、水文等条件因素的变化将直接改变现场作业秩序。此外，隧道内部空间狭窄，无论是空气流动水平还是光照条件，均难以得到有效保障，这进一步加大了现场作业以及质量管理工作难度。在隧道开挖环节，作业人员要对隧道坍塌、涌水、瓦斯泄漏等问题进行防范。一旦出现突发情况，就很容易造成施工人员伤亡，严重影响铁路隧道建设作业整体发展。

在铁路隧道施工建设现场，衬砌背后脱空、衬砌密实度不足、施工缝破损或错台等问题时有发生。因此，工程建设者应采取更为有效的施工控制手段，尽可能提高建设环节的作业水平，避免因后续的缺陷修复而消耗大量时间与成本。

一、铁路隧道施工环节常见技术缺陷

（一）衬砌结构厚度不足或存在脱空以及密实度不足现象

导致衬砌结构厚度不足或脱空现象、密实度不足现象出现的因素有很多，依照铁路施工作业工序与技术应用现状，主要可分为以下几种：

1.隧道作业面爆破设计存在缺陷

在隧道开挖作业过程中，为保证建设进度，施工人员经常需要在作业掌子面进行爆破。一旦爆破设计存在缺陷，工程人员未能对作业面以及周边围岩的岩石结构进行精确分析，岩石完整度不足，或遭遇软弱围岩地段，而现场爆破管理人员却来不及进行具体的参数调整，就很容易造成隧道开挖轮廓平整度较差，存在凹凸不平或棱角现象。

2.初期支护技术不够规范

在隧道开挖环节，若工程团队在隧道初期支护工序的控制强度不够，支护技术不够规范，抑或是喷射混凝土前未能进行测量复核，没有对欠挖部位进行有效处理，没有及时对隧道轮廓凹凸不平区域进行喷射混凝土处理，则后续衬砌铺设环节将很难保证其质量与结构强度。

3.防水板未能及时固定

隧道工程作业期间，若防水板固定强度不够，没有按照要求预留足够的松铺系数，则混凝土浇筑完成后，防水板与初支面之间的贴合度将会受到影响，密实度不足，最终影响隧道防水效果，破坏工程建设稳定性，甚至会造成隧道使用寿命削减。

4.混凝土浇筑控制不合理

隧道混凝土浇筑期间，工程人员应对浇筑技术进行科学管控，若未能按照要求进行振捣，抑或是混凝土输送环节出现堵管现象，都会影响到混凝土浇筑质量。此外，当混凝土浇筑隧道拱顶位置时，如果没有对混凝土坍落度进行调整，则拱顶位置的混凝土密室效果将受到影响，衬砌背后脱空问题将难以避免。

5.拱顶压浆作业控制不合理

在混凝土浇筑环节，拱顶压浆作业意义重大。若现场施工人员技术水平不足，作业经验存在欠缺，当混凝土浇筑到拱顶位置时，未能及时向混凝土拌和站提供相应的补方数据，抑或是在未仔细分析的情况下主观认为已浇筑完成，则拱顶位置二衬厚度将无法满足设计规范，脱空现象随之出现。

6.过早拆管导致二衬脱空

二衬混凝土未初凝前，工程人员过早拆管，此时混凝土自身稳定性很差，拆管后混凝土将会下落并形成漏斗，这种作业行为也会导致二衬脱空问题。因此，拆管时间应合理控制，针对混凝土配比参数，做好初凝试验工作，依照现场作业环境掌握更为合理的初凝时间点。

7.混凝土配合比不佳

在混凝土浇筑环节，不同位置的混凝土在水灰比以及坍落度等方面的要求存在一定差异，若混凝土施工配合比、水灰比超出设计规范，混凝土坍落度过大，或是混凝土浇筑振捣不足，就会导致混凝土因自重下沉，其收缩形变也将超出工程质量标准，最终导致衬砌后部以及混凝土内部出现空隙。

8.混凝土内部空气未能及时排出

混凝土内部空气问题也是影响混凝土浇筑质量的关键因素，尤其是在拱顶浇筑期间，拱顶的混凝土因其所处的空间十分狭小，混凝土内部气泡很难通过常规手段排出，若施工人员未能采取有效措施，则混凝土内部空隙现象将普遍存在，无论是结构强度还是防水能力都将受到很大破坏。

（二）施工缝错台或破损现象

施工缝错台或破损也是当前铁路隧道施工建设期间的常见弊病。现场作业期间，施工缝位置未能按照要求设置钢筋，施工缝模板端头存在少筋问题，或是混凝土浇筑环节振捣控制不当，施工缝位置的混凝土密实度不满足要求，都会导致施工缝出现破损现象。此外，铁路隧道施工作业空间狭小，现场作业器械众多，若施工管理不当，则施工缝处理环节也很容易出现人为破坏问题。从技术以及现场作业角度分析，铁路隧道曲线下，衬砌台车与上一版二衬搭接时没有紧密贴合，或是工程人员在使用衬砌台车时没有进行精准定位与测量，混凝土浇筑前也没有进行校核作业，则衬砌作业环节的精度控制将成为隐患。同时，模板台车固定不牢，混凝土浇筑环节也会出现模板移位现象，在此条件下，施工缝控制将很难满足初始预期与设计标准。

（三）隧道衬砌结构出现裂缝问题

铁路隧道衬砌结构建设期间，导致衬砌结构出现裂缝的原因有很多，根据当前铁路隧道建设模式，可分为以下几种：

1.混凝土水化控制不佳

混凝土浇筑后，伴随着水化反应的持续发生，混凝土内部将产生大量热能，混凝土水分散失速度加快，加之混凝土导热性能很差，很容易出现干缩裂缝与温度裂缝。

2.现场操作与施工技术存在问题

衬砌施工期间,若作业人员未能根据现场实际情况对混凝土配合比以及相关作业技术手段进行调整,或是在混凝土输送环节随意加水,在混凝土浇筑过程中振捣不规范,就会导致混凝土自身性质出现改变,匀质性差。

二、铁路隧道施工环节常见技术缺陷的改进措施

(一)注重超挖与欠挖现象的合理管控

开挖尺寸超出设计规范,不仅会增加出渣量以及衬砌施工作业量,造成施工作业周期延长,也会导致施工建设材料投入增加,工程造价提高。因此,工程团队应对现场开挖量进行合理管控,重点实施初始平整度控制,从而减少混凝土浇筑消耗。针对施工作业现场存在的不稳定因素,施工建设单位与项目部门应成立超欠挖控制小组,严格控制隧道开挖环节,在每一个循环开挖作业期间,应对轮廓线测量、爆破参数等进行优化,从而确保开挖后的隧道轮廓与初始预期保持一致。初期支护完成后,工程技术人员应及时进行断面数据扫描工作,以此为基础,指导后续开挖工作。此外,在现场管理环节,也要落实包保管理制度,注重每一个细节的把关与监控,要对每一个开挖循环进行具体的数据分析,对每日作业数据进行有效整理,从而保证施工质量,并有效控制作业混凝土消耗。

(二)针对初期支护表面不平整区域进行改良

在施工建设环节,针对初期支护表面不平整区域,工程团队可采用混凝土喷射法进行修补,必要时可搭设锚杆、挂网等,确保混凝土喷射环节的作业水平,并同步控制个别岩石突出现象,其欠挖数据不能超过 5 cm,从而保证后续防水板铺设工作的稳定进行,避免因隧道轮廓凹凸不平而出现衬砌背

后脱空问题。

（三）改进二衬混凝土浇筑到拱顶位置时的技术工艺

二衬混凝土浇筑到隧道拱顶位置时，现场作业管理人员应及时调整混凝土坍落度，可采取液位继电法，在衬砌模板台车拱顶位置设置五组液位继电器防空洞装置，并沿着拱顶均匀布置。当衬砌混凝土浇筑到指定位置时，因混凝土自身也是一种导电材料，相连位置将会连通，液位继电器进入工作状态，配合声光报警器，可及时提醒现场工作人员。此外，在作业环节，可在拱顶位置设置观察孔，实时观察混凝土浇筑高度，帮助作业人员判断混凝土浇筑结束时间点，并保证拱顶位置混凝土的填充效果。

（四）强化施工作业人员管理

工程建设经验表明，人为因素是导致铁路隧道施工出现质量问题的首要来源，因此建设单位应采取合理的奖惩措施，注重激发现场施工人员与管理人员的责任心，增强他们的质量意识。例如，在衬砌作业期间，若后续质量审查环节未发现任何质量问题，则建设单位应给予现场工作团队一定的奖励，反之则要给予必要的惩罚，以经济利益为切入点，让铁路隧道现场作业的每一名人员均具备必要的规范理念与作业积极性，尽可能减少因隧道出现缺陷而产生的后期处理工作量。

（五）针对部分作业缺陷进行科学处理

（1）铁路隧道作业期间，若部分区域存在欠厚或强度不足的问题，则质量审查人员应根据具体的欠厚程度，实施分级验证，以确保隧道整体结构强度与使用功能为最终目标，在修复缺陷的同时，避免出现衬砌大量拆换现象。

（2）针对衬砌背后脱空以及密实度不足的作业区域，若判定为二衬欠厚或强度不满足设计规范，则要进行拆除工作。若拱顶位置存在脱空现象，则衬砌拆除时应以拱顶144°为标准范围，对旧混凝土进行拆除，并重新进行混凝土浇筑，确保其厚度与结构强度满足标准。如果存在二衬欠厚，但是混凝土强度满足设计标准，衬砌背后存在脱空、空洞，则工程人员可通过注浆补充处理，若发现空洞体积超过 1.5 m³，则要依照工程所处区域的地质状况以及工程建设标准，具体分析改进与补充措施。

（3）隧道施工冷缝存在缺陷时，其处理方式应根据混凝土结构以及冷缝储量进行判定。如果衬砌拱顶位置存在一条施工冷缝缺陷，则应依照非结构性缝隙整治方案进行优化。若存在两条或两条以上施工冷缝缺陷，工程人员则要拆除旧混凝土并重新浇筑。

（4）隧道施工缝应采取无损检测技术，依照具体情况落实相应的处理对策。如果施工缝存在错台，但是其结构层面不存在裂缝或净空现象，强度层面也满足设计标准，则该处缺陷可不进行拆除处理，只要对缺陷位置进行打磨即可。

（5）若隧道施工缝存在破损现象，则其修复过程应按照具体的检测结果进行调整，主要检查隧道结构性与功能性层面的要求，如果这两项满足设计规范，只是观感质量方面存在不足，则工程人员可将破损位置进行凿除，并使用打磨机对松动混凝土块或砂浆块进行打磨。若破损深度较大，缝隙宽度超过 20 cm，则须有针对性地进行拆换作业，对缺陷位置进行彻底修复。

（6）在衬砌裂缝处理环节，工程人员要判断裂缝是否为结构性，如果是结构性裂缝，则衬砌的整体性以及后续使用期间的安全性将受到严重影响，建设单位必须对其进行拆除重建工作。若为非结构性裂缝，则要针对裂缝的具体宽度与深度进行检测分析。如果宽度不超过 0.2 mm，则可通过涂抹渗透性防水材料进行修补；如果超过 0.2 mm，则应采用环氧树脂或水泥砂浆等渗透材料，沿着缝隙边缘钻孔灌注。衬砌裂缝整治完成后，需要在其表面涂抹与周边混凝土同色的涂料，从而保证整体美观度。

综上，铁路隧道施工建设所面临的挑战众多，施工难度很大，若某一环节存在问题，则隧道建设质量将受到巨大影响。因此，工程团队应结合当前铁路隧道建设的常见问题，广泛落实相关技术的改进策略，注重现场作业的规范性，强化人员与作业秩序管控，并对已存在的缺陷进行具体分析，寻找更为恰当的修补方式，提高铁路隧道的建设水平以及运营使用期间的社会经济价值。

第八节　水下盾构隧道施工安全风险管理

一、水下盾构隧道施工安全风险源概念与辨识方法

相比于地面结构工程而言，隧道是在地表以下的岩土体中进行的，其开挖地层条件不确定及周围环境条件复杂等特点，导致施工安全风险较高。与其他隧道相比，水下盾构隧道具有更加突出的未知性和复杂性，在水下盾构隧道施工过程中极易发生开挖面失稳、管片裂损、渗漏水、钢筋锈蚀、混凝土剥落、掉块等工程事故。因此，亟待辨识水下盾构隧道施工过程中可能遇到的安全风险，并通过相应措施减少风险事故的发生，确保水下盾构隧道施工安全。

（一）水下盾构隧道施工安全风险源概念

施工安全风险源包含了所有可能会造成人员伤亡、经济损失或社会影响的安全事故。隧道施工安全风险源往往与隧址区工程地质条件、隧道设计概况、施工管理水平等因素息息相关。而在水下盾构隧道施工过程中，因面临水下复杂的地质环境，其施工安全风险因素与其他隧道工程风险因素有着明显的区

别，风险因素发生的概率也有所区别。通过对国内外水下盾构隧道的事故分析发现，水下盾构隧道施工过程中存在的潜在风险主要有：

（1）地质勘探风险。由于水下地质环境复杂，无法对水下工程地质条件进行准确预报，所以容易出现水下盾构掘进过程中掘进参数控制不当的情况，容易发生开挖面失稳、管片破损、渗漏水等诸多事故。

（2）管片破损风险。水下盾构隧道管片衬砌结构需要承受几十米甚至上百米高水头的渗透压力，致使管片衬砌结构长期处于一种损伤状态下进行工作，容易造成管片的破损。

（3）管片上浮风险。当水下覆盖土层厚度较小，隧道结构自重与上部压载重量难以平衡地下水引起的浮力时，在盾构隧道施工中常有管片局部或整体上浮的现象。而管片上浮容易导致管片出现错台、破损，甚至掘进轴线偏离等不同程度的危害，进而严重影响隧道的施工安全。

（4）盾构机密封性风险。当水下盾构隧道在高水压条件下施工时，容易出现盾尾密封系统失效，进而导致盾构隧道出现渗漏水问题，严重影响盾构机的正常掘进。

（5）掌子面坍塌风险。当地下水位较高、隧道掌子面支护力过小时，将无法与掌子面前方围岩压力与渗透水压力相平衡，极易诱发水下盾构隧道掌子面坍塌事故。另外，高孔隙水压力和饱水岩体强度软化使得地层稳定性变差，最终也会导致围岩发生失稳事故。

（二）水下盾构隧道施工安全风险源辨识方法

目前，对施工安全风险源进行辨识主要有定性、定量和定性定量综合辨识方法三种。定性辨识方法是一种依赖受邀专家的分析论证与主观判断力来确定风险源的方法，该方法具有简明扼要、可操作性强等优点，但主观性较强；定量辨识方法是一种基于室内试验数据或现场量测数据来确定风险源的方法，该方法科学、合理、客观，但计算过程相对复杂；定性和定量综合辨识方法将前两种方法的优点进行有机结合，主要有层次分析、模糊综合评价等。

二、水下盾构隧道施工安全风险分析与应对措施

近年来，随着我国经济发展的水平不断提高，交通基础设施建设水平得到了提升，水下盾构隧道施工技术也取得了巨大进步，人们积累和总结了大量的成功经验和失败教训，研制、改进和创新出许多先进的施工设备和施工工法，安全性能得到极大提升。但由于自然环境的复杂性、社会环境的不确定性、施工现场环境以及项目管理方法等风险因素的影响，水下盾构隧道施工过程中不可避免地会出现一些风险事件，给隧道施工建设带来极大的挑战。因此，保障现场施工人员的安全和项目整体的经济效益，降低水下盾构隧道施工安全风险成为目前研究的重点方向。下面结合已有案例重点研究水下盾构隧道施工安全风险的类型及发生原因，对可能存在的潜在风险进行归纳总结并提出相应的应对措施。

（一）水下盾构隧道施工安全风险分析

由于水下盾构隧道项目施工所处环境的特殊性，与常规陆地隧道不同。除去隐蔽性高、施工作业面小、突发事件较多等一般隧道具有的特点，水下盾构隧道施工会涉及不同的水文特性及地质环境。虽然施工环境比较复杂，但水下盾构隧道仍具有一定的优势：在钢材等材料用量上及土地拆迁上相较于其他建筑能节约一定的成本；受恶劣气候影响较小且有较强的抵抗力。

但它的缺点也是突出的：

（1）由于水下盾构隧道所处环境的特殊性——整体环境处于水下，给地质勘查工作增加了难度，同时勘查结果的准确性也较难保证。

（2）围岩中存在较大的孔隙水压力是水下盾构隧道建设的特点之一，这一特点会使施工时受高水压作用，影响隧道的成拱作用从而进一步影响地层的

稳定性。此外，在隧道穿越断层破坏带时，这一特点使保持洞室围岩稳定性的难度加大。

（3）涌水的发生会给工程带来致命性的损坏，造成不可挽回的损失。而涌水在水下盾构隧道建设时更易发生，同时水下的腐蚀作用和水中的长期浸泡对施工的各方面提出了更高的要求。

（4）建设水下盾构隧道最容易出现的问题是裂缝的产生和渗水漏水现象的防治。水下盾构隧道所处位置的特殊性，对施工安全造成较大威胁，因此要求有完备的透水事故应急预案和防排水及止水的有效手段。

（5）因为水下盾构隧道施工作业环境具有局限性以及隧道自身较长，所以整体施工周期较长、进度较慢。

根据上述分析，可以将水下盾构隧道施工安全风险归纳为人员风险、物风险、人工操作风险、自然环境风险、人文和社会环境风险以及工法风险6种，下面将结合工程实际对6种主要风险指标进行分析。

1.水下盾构隧道施工人员风险分析

根据近年来事故记录的统计结果发现，人员风险占总统计数据的9.8%。人员风险指标的主要风险点有：技术能力、防护措施、身心状态、安全意识及其培训、操作资质、现场组织管理协调、安全监管落实等。

人员的技术能力除了与学历相关，还与他们在工作中接受培训的主观意愿、个人学习能力及氛围密切相关。目前，建设项目对施工人员的要求越来越高，工艺流程逐渐向工业化和规模化方向发展，实际作业的施工人员的技术能力已经成为制约工程项目发展的因素之一。

人员的防护措施是决定现场施工人员切身利益的关键，妥善的防护措施是施工人员生命安全的保障，是"安全线""生命线"。

人员的身心状态包括施工人员的生理状态和心理状态。根据统计数据分析，上下班阶段是施工人员安全生产意识容易出现漏洞的时间，主要是由于上班前未进入状态、下班前的疲惫、懈怠心理以及交接工作时的纰漏等，此时人员的注意力不够集中，事故发生概率较高。

人员的安全意识是指施工人员在进行生产建设时在内心建立的必须安全生产的信念意识，对随时可能出现的危险和对自身及他人产生生命威胁的防范意识。人员安全意识的缺乏是造成现阶段安全生产事故频发的直接原因，开展安全意识的培训是各级主管单位在项目建设开始前的首要任务，同时也是规避人员风险的有力措施。因此，对人员风险因素的研究中，安全意识的培训一直是重点研究对象。

人员的操作资质是施工人员在进行安全生产时的必要前提，人员的操作资质应与实际工作相匹配。

人员的现场组织管理协调对于整个项目来说是十分重要的，一个建设项目的绩效一方面取决于参与项目的各单位各部门的项目组织管理水平，另一方面取决于各方的有机协调和密切配合，从某种意义上来说，现场组织管理的优劣决定工程项目的成败。

安全生产的观念必须贯穿工程建设的整个过程，保证安全监管的落实处于安全生产的首要地位。重点强调安全责任观念，加强监管力度，明确安全生产的主要责任和各单位的监督责任，提高事故管控能力以及完善风险防范手段，是安全生产的首要任务。

2.水下盾构隧道施工物风险分析

物风险占事故统计总数据的11.1%。物风险指标的主要风险点有机械设备点检、机械设备故障、机械设备养护、构件材料质量和设备安装等。

机械设备点检是保证机械设备正常运转和施工步骤有序进行的必要准备工作。对机械设备进行预防性周密检查便于发现机械设备的隐患，使设备性能始终保持良好的工作状态，减少检修、维修时间，提高设备使用周期，保证设备的正常运转，提高生产建设效率。

机械设备故障是导致事故发生的常见原因，如盾构机身滚动问题、通风机故障、凿岩机水压问题、搅拌机故障问题以及盾尾漏浆等等。

机械设备养护可以降低风险发生率，有利于施工作业及安全生产的顺利进行。

保证构件材料质量是防范风险的关键。应严格执行构件材料的管理制度，妥善安置施工材料，避免材料损失、锈蚀、变质等。

设备安装主要包括盾体及盾尾的安装、刀盘的焊接与组装、机电设备的安装以及支护设备（如混凝土喷浆设备，锚护设备，以及喷射混凝土机械手等）和衬砌设备（如混凝泵送设备、隧道衬砌台车等）的安装等。

3. 水下盾构隧道施工人工操作风险分析

人工操作风险占事故统计总数据的 36.5%，是近年来施工风险的主要评价指标。人工操作风险指标的主要风险点有开仓换刀和带压换刀、密封装置处理不当、千斤顶的选择、泥水压力选择、掘进参数控制、轴线控制，以及注浆配比、压力及速度控制。

在开仓换刀和带压换刀方面，需根据不同土层的地质条件制订完备的作业方案，换刀作业时严格检查刀具品质，且刀具的配备要有富余和能力储备；切忌在掘进至水域下方时更换刀具或者停机检查等，尽量选择地层状态较好的地方开仓换刀。

密封装置处理不当通常会导致洞门底部密封失效，始发井内水量激增，泥水舱压力异常和循环系统发生故障。此时因密封性无法保证正常施工的安全进行，无法继续满足泥水平衡，从而使地下水土体大量流失而失稳，引起地表沉降值增加甚至塌陷等情况。

千斤顶的选择是盾构设计内容的重点之一，每个千斤顶推力和千斤顶数量是确定设计方案的关键。断面的大小不一，选用的千斤顶的数量也不同。若未选择合适的千斤顶，那么当盾构土层前方的阻力过大时，极有可能造成地表隆起等现象。

在泥水平衡理论中，泥膜是关键，其形成的必要条件之一就是要保证泥水压力高于地下水压力。在泥水条件处于较优状态时，可以使泥水压力得到相应的增强，从而提高掌子面开挖时的安全性和稳定性。

盾构机的典型优点就是自动化程度高、适用环境的范围较广，所以对于不同工程不同地质条件下的盾构掘进参数设定不能一概而论。掘进参数控制不当，会使盾构推进过程中开挖面的平衡上压力发生异常波动，与理论值或设定应力值产生较大偏差。

盾构轴线控制是盾构施工的重点环节，盾构隧道轴线偏差与土质强度和选用拼装管片类型等因素密切相关。

注浆配比、压力及速度控制对控制轴线偏差具有显著影响。当同步注浆量不能满足要求或浆液的质量未达到施工使用标准时，施工完毕后会出现明显的泌水现象，从而导致隧道局部沉降的产生，进而影响盾构掘进方向和掘进姿态的控制，而浆液因其他原因而出现不固结的现象也会使盾构隧道施工在遭遇较大推进阻力的作用下出现局部变形。

4.水下盾构隧道施工自然环境风险分析

自然环境风险占事故统计总数据的29.1%，是近年来施工风险的主要评价指标之一。自然环境风险指标的主要风险点有天气条件变化、水文地质条件、地下管网及周边建筑、作业环境、施工区域冲刷情况以及自然灾害。

天气条件变化是影响隧道施工的外部因素之一，主要考虑平均气温、极端天气概率、降雨等气候因素对施工的影响。

水文地质条件是产生自然环境风险的重要因素。在不良地质条件下施工时事故发生的概率明显提高，地面塌陷、突涌及隧道塌方等常见工程事故的直接或间接原因均为不良的地质条件。常见的隧道不良地质现象有富水断层破碎围岩、膨胀岩、挤压性岩石、黄土地质、岩溶地质以及岩爆现象等。

地下管网及周边建筑受隧道施工的影响较大，是隧道工程施工时需要重点考虑的因素之一。大量工程事故的发生均为施工时超出施工界限或产生较大扰动对周围燃气管道、供水管等地下管道或周边重要建筑物造成不同程度的破坏。

作业环境是对施工人员自身安全产生威胁的主要因素之一，风险源主要来自对周围机械设备的处置不当或者操作不当，如触电伤人、吊物坠落、倒塌、火灾及中毒窒息等。

施工区域冲刷情况关乎水下盾构隧道施工的进度与工程量大小，动工前应实地测量和监测流域的冲刷量和沿岸构筑物的变动趋势。

自然灾害是导致自然环境风险产生的又一重大安全风险因素。自然灾害主要包括地震、台风及泥石流等对现场施工产生重大威胁的极端因素。

5.水下盾构隧道施工人文和社会环境风险分析

人文和社会环境风险占事故统计总数据的 7.8%。人文和社会环境风险指标的主要风险点有周边交通情况、传统风俗、经济发展水平及相关政策支持。

周边交通情况的复杂和发达程度是决定项目工期长短和整体效益的关键点之一，交通运输不畅会延误工期，造成一定的经济损失。传统风俗是项目施工所处区域的特色文化，是影响施工人员日常生活环境的重要因素之一。经济发展水平及相关政策支持是项目施工的顺利完成的保障。

6.水下盾构隧道施工工法风险分析

工法风险占事故统计总数据的 5.7%。工法风险指标的主要风险点有盾构方案变化、设计变更、安全监测和预测误差。

盾构方案是盾构施工的实施标准，盾构方案的变化决定施工项目整体的方向。

设计变更是指项目自初步设计批准后至项目竣工验收之前，当项目现场遇到不可避免的情况需要规避风险或降低成本而进行修改、完善的变更决议。

安全监测是项目全过程的安全保障，主要包括对人员、机械设备及施工现场的监测等。建筑施工现场立体交叉作业多，结构复杂，人员意识和经验差异较大，管理难度较大，是事故多发的原因之一。机械设备长时间工作，对其磨损及故障情况进行实时监测，出现问题及时检修有利于规避事故的发生。对构筑物的监测是安全监测中最重要的一环，通过监测可掌握并及时发现构筑物的沉降、隆起以及倾斜等一系列异常情况。监测水位的高低、水压的大小等水文地质条件，了解邻近构筑物在施工之前、之时、之后的变形程度和安全性能，确定科学完备的施工方案应急预案，可以在保证工程顺利竣工的同时提高工程质量。

整个项目的建设过程是漫长而复杂的，由于各种不可控因素与潜在风险均会导致施工现场的实际状态与设计时的期望状态或者理想状态出现一定程度的差异性和误差,对这种误差的预测成为控制施工风险的重要手段之一。

（二）水下盾构隧道施工安全风险应对措施

根据对各种潜在风险的归纳及分析,可以将水下盾构隧道施工安全风险分为主要风险评价指标和次要风险评价指标。其中,主要风险评价指标包括人工操作风险和自然环境风险两项,次要风险评价指标分为人员风险、物风险、人文和社会环境风险和工法风险四项。

1. 主要风险应对措施

针对人工操作风险的应对措施主要有：

（1）在复杂地层中掘进时,若刀盘损耗严重已经达到必须更换的条件时,则应尽可能采用加压换刀和高压气仓内部换刀的技术。

（2）隧道盾尾的水密封压力必须保证不小于 1 MPa,且在盾构机上应设置四排密封刷和一道紧急止水装置。若盾尾处注浆之后存在浆液泄漏的情况,则应在保证掌子面稳定的条件下适当降低盾构机向前推进的切口水压。

（3）千斤顶的数量是根据断面大小确定的,应保证千斤顶群推力大于盾构推进时所受到的阻力,保证盾构施工的正常掘进。当盾构掘进时,如果前方土层的阻力过大而影响掘进速度,则应适当增加千斤顶的数量来提升盾构的总推力。

（4）在泥水条件良好能够满足施工需求时,适当提升泥水压力能够保障掌子面开挖的稳定推进。

（5）正确设置盾构机向前掘进时的参数,保证盾构机行进速度与螺旋机的出土能力处于同一级别,通过施工的实时反馈来调节和优化土压力值和控制系统的主要参数。

（6）通过现场反馈动态调节平衡土压力,使盾构时螺旋机的出土量与设计环节的计算理论值相匹配,严格保证盾构姿态处于正常状态,减少超挖、欠挖现象。

（7）注浆工作会对盾构施工产生较大的影响，应保证注浆的浆液品质和质量，在进行注浆时应充分搅拌来保证浆液达到最佳状态。

针对自然环境风险的应对措施主要有：

（1）重点关注极端气象灾害的产生时间与影响区域，做好应急措施和预案。

（2）在施工前进行详细的补充地质勘探，全面掌握隧道洞身和上覆构筑物所处的水文地质条件；根据不同地质条件并结合各类刀具的破岩特点合理配置刀具；盾构向前推进时应对掘进参数的保持实时记录与分析，结合监测数据的反馈对其进行不断完善。

（3）实时监测地下管网及周边构筑物的变形与沉降变化，沉降超限时应通过注浆加固地基控制沉降，在变形稳定之前应进行重点监测。

（4）施工现场做好照明通风措施并设置应急装置，实时监测并严格控制隧道内的空气质量，不定期检查基础设施、机电设备的安全性。

（5）实时监测水位、流量及流速，做好针对水位和流速出现异常状况时的应急预案，紧急情况下可以在隧道进水通道的前方设置挡墙等。

（6）做好自然灾害防范工作的组织，出现险情时及时组织抢险工作，加强各方配合与协调，将不利影响降到最低。

2.次要风险应对措施

针对人员风险的应对措施主要有：

（1）定期对施工人员进行专业技能的培训，邀请具有丰富经验的专家开展技术分享会。

（2）完善现场管理制度，严格要求现场工作人员随时佩戴安全防护措施。

（3）安排员工进行定期体检，制订合理的工作和休息计划。因为施工人员可能存在文化等方面的差异，可以针对不同地方群体，给予一定的差异化安排。

（4）加强关于安全法规的普及宣传工作，增加安全事故警示教育。

（5）严格管理现场人员的工作范围，使其各就其位、各司其职。

针对物风险的应对措施主要有：

（1）对材料设备进行定期预防性周密检查，施工期间应对机械设备和用料不定期现场抽查，防止设备出现突发性故障或材料因存放不当致使性能降低。

（2）设备进场前应严格检查，严格按照设备使用说明进行操作。使用人员必须经过专业培训和考核后方可持证上岗。

（3）定期做好设备的维修保养工作，保证设备功能的完好性。对于精密仪器，需要定期派专业人员测定精度，以保证施工的安全性。

（4）加强材料的采购管理，对材料的进货渠道等各个环节严格把控，完善材料检验制度。如果施工建设材料不符合国家标准，则应一律杜绝使用。

（5）设备的安装必须由专业人员按照设备使用说明正确安装到位，避免安装错误疏漏。

针对人文和社会环境风险的应对措施主要有：

（1）注意周围居民生活区域的密集程度，合理安排施工作业时间及施工进度。

（2）施工前与施工区域管理部门进行协商，避免对既有交通设施或其他已有构筑物造成过大扰动。

针对工法风险的应对措施主要有：

（1）一线施工单位与设计公司在对工程设计进行商讨变更时应严格规范其内容与程序，在向项目主管部门审批时应说明变更的必要性和重要性及相应的经济效益和社会效益，并保证变更后的方案或设计可在计划周期内顺利完成。

（2）施工监测采用实时监测和跟踪监测相结合的方式，根据现场工程实际，因地制宜地开展隧道安全监测的现场安装工作。当遇到突发情况而导致监测数据不正常时，监测频率应增加到 4~5 次/d。随着施工进度的发展，监测项目的范围应不断扩大。

第五章 基于 BIM 的铁路隧道工程信息化施工管理实践

下面以玉磨铁路先期段站前工程王岗山隧道施工为例进行分析。

第一节 隧道下穿既有铁路工程背景

一、工程概况

玉磨铁路王岗山隧道进口 D1K144+500—DK154+246 段洞身工程，全长 9 746 m。隧道位于墨江站～他郎河站区间，左右线间距为 4.2～5.118 m，出口为三线隧道，三线车站进洞 1 124 m。隧道线路纵坡：隧道进口段为 100 m 的平坡，其后依次为 11.8‰（700 m），17.6‰（11 400 m），6‰（1 308 m）下坡。线路平面，除洞身 D1K144+713.254—DK146+818.986 段位于 R-3 000 m 的左偏曲线上，和 DK156+003.773—DK156+394.111 段位于 R-7 000 的右偏曲线上外，其余均位于直线上。此段设置 1 座横洞，长度为 243 m，2 座斜井，其中 1#斜井 943 m，2#斜井 941 m。隧道洞身最大埋深约 520 m，最小埋深约 2 m。

二、工程特点

（1）工程地质条件复杂，施工安全风险大。工程地质特殊，不良地质和特殊岩土分布广，存在工程地质风险，工程风险高。本隧道不良地质为滑坡、岩溶、有害气体、放射性、顺层偏压。

（2）隧道地层岩性复杂多变，断裂构造及褶皱构造发育，软弱围岩所占比重较大，断层较为发育，岩体破碎，节理发育，地质条件较差，且隧道开挖断面大，净空有效面积达 100 m^2，施工技术含量高，施工任务艰巨。

（3）本标段结构物采用高性能耐久性混凝土，耐久性要求高，对原材料、配合比设计、施工工艺、质量控制提出了更高要求。

（4）本线地表大部分为林地，设计环保要求高，施工过程中应有完善的环保、水保措施，废油、废水、弃碴、泥浆以及工程垃圾按规定排放、处理，完工后及时恢复植被，确保工程所处的环境不受污染和破坏。

（5）部分工点位于深凹沟壑，电网供应能力有限，气候极其干燥，施工条件困难。

（6）线路开通时要求达到设计时速 160 km/h,要求高标准的耐久性砼施工及精确的无砟轨道铺设。

三、工程重难点及施工对策

本工程的重难点及施工对策如表 5-1 所示。

名称	工程重难点	主要工程措施
隧道工程	长距离独头通风困难	（1）根据独头通风长度，选择合理匹配的通风设备和管道布置。（2）选用强度高、阻燃、低阻力的新型风管，管节长 100 米，减少接头数量。（3）加强通风管理，发现风管破损及时修补、更换。
	隧道突水、涌水的预防及处理	①按设计要求的防排水的原则进行施工；②加强地质超前预报，提前判明前方地质、地下水情况，提前采取有针对性的措施；③严格按照设计要求堵水措施（超前预注浆或径向注浆）进行堵水施工，必要时采取超前帷幕注浆的方式进行堵水，以降低围岩的渗透系数，控制地下水流失；④在堵水效果达到设计要求时方可允许继续开挖掘进
	岩爆危害的预防	施工前制定有效的预防措施，施工时密切关注掌子面岩体变化，加强观察、监测，并根据实际情况，采取必要的防护措施，确保施工安全。开挖后及时向掌子面及洞壁进行喷洒高压水，降温除尘，湿润岩面，提高岩性塑性。
	瓦斯地段施工	施工期间严格按照《铁路瓦斯隧道技术规范》（TB10120-2002）低瓦斯工区（三级瓦斯地段）相关要求组织施工，对该地层段进行瓦斯及其他有害气体逸出的实时监测和预测预报，加强施工通风，防止其聚积引发爆炸或燃烧，并根据监测成果制定相应的防治措施
	隧道浅埋	本隧共计 2 处浅埋，此两段施工时应避开雨季，施工中加强超前地质预报，重点查明围岩破碎程度及赋水情况，施工时采用弱爆破或控制爆破，及时支护，减少对围岩的扰动，并加强洞内变形及地表变形的监控量测工作，并按监控量测分级管理方法，必要时调整初支参数

续表

名称	工程重难点	主要工程措施
隧道工程	断层破碎带段及软弱围岩变形地段施工	①做好超前地质预报，根据地质变化及时调整支护措施；②选好施工方法，严格控制循环进尺，力求安全稳妥，不盲目冒进，杜绝塌方；③坚持"管超前、严注浆、短进尺、强支护、快封闭、勤量测"的原则进行施工，必要时采取超前帷幕注浆进行堵水；④各级围岩开挖时按照设计要求预留足够的变形量；⑤初期支护采用可伸缩的格栅钢架、锚杆加长或混凝土中掺入合成纤维；⑥初期支护完毕之后，根据监控量测结果及时进行二次衬砌施工

四、BIM 技术与本工程结合思路

本隧道工程地层岩性复杂多变，断裂构造及褶皱构造发育，软弱围岩所占比重较大，断层较为发育，岩体破碎，节理发育，地质条件较差，且隧道开挖断面大。保证隧道成功开挖及运营安全，是本次施工的重中之重。因此，BIM 技术的应用应该紧扣上述两点要求。对于 BIM 技术在该工程的应用，拟从以下几个方面展开：

（1）在隧道施工质量控制方法的优化方面，建立隧道施工的 BIM 模型，使用 BIM 技术对隧道的施工设计进行三维检查，充分利用 BIM 技术的优化性做到对原有设计的完善。

（2）在隧道变形分析方面，探究将 BIM 模型转换为计算模型，设置不同工况对地表的变形进行计算分析，在对变形控制措施进行有效性验证的同时，找到变形控制的薄弱点，在施工过程中进行针对优化。

（3）在隧道施工的信息化监测方面，为解决传统监控量测自动化程度低、数据反馈不及时、数据抽象等问题，将 BIM 技术与监控量测技术相结合，将 BIM 技术的可视化、模拟性应用于监控量测中，提升监测的信息化水平。

（4）在隧道施工的进度管理方面，因本工程施工条件特殊，尤其是在铁路咽喉区时，需要在天窗时间内施工。为解决传统进度管理模式低效、管理信息反馈滞后等问题，在隧道施工的进度管理中引入 BIM 技术，充分发挥 BIM 技术的模拟性、优化性，优化施工的进度计划，在施工过程中对进度进行实时分析预警，实现施工进度管理的精确性。

（5）在隧道施工的成本管理方面，传统施工的成本管理模式粗放，往往造成资源的浪费和成本的超支。利用 BIM 技术完整的模型信息，可以做到对成本的精确预算，对资源的准确匹配，对施工过程的全程监控，对成本情况进行实时的分析与预警，以最优的成本支出完成隧道施工。

第二节　建立铁路隧道工程 BIM 模型

一、隧道 BIM 模型的建立思路

（一）软件平台选择

目前，常用的 BIM 软件平台主要有四个，即欧特克（Autodesk）平台、达索（Dassault）平台、奔特力（Bentley）平台以及 Tekla 平台。其中，欧特克是建筑领域使用最多的软件平台。

到目前为止，欧特克平台已经发展出一系列的 BIM 家族软件，大致包含 Civil3D、AutoCAD、Revit、3ds Max、Inventor、Ecotect、Navisworks 等，这些成套的软件的功能不同，但已经满足了目前几乎所有类型建筑物的建模需要。其中，Autodesk Revit 是核心建模软件，它是一个综合性的模型建立平台，

其中包含了基础、建筑、主体结构、暖通、电气、给排水等多个设计建模模块，能够满足现代民用建筑的三维建模要求。另外，诸如 Navisworks 软件，具有项目碰撞检查、施工模拟分析等功能。应该说，欧特克作为目前市面上最成熟的 BIM 解决方案，它基本上可以满足目前建筑工程从设计到交付的所有阶段的要求，而且已经实现了建模的参数化。但是由于隧道工程结构的特殊性，欧特克平台对隧道工程结构的建模工作还存在一些困难。不过，欧特克也推出了基建领域相应的配套解决方案，如采用多软件协同的方式，目前已经在道路与公路工程、水坝工程、桥梁与隧道工程等领域已经广泛应用。

达索平台常用于现代工业设计之中，如机械、汽车、船舶、航空航天等领域。达索平台拥有两大核心建模软件，分别是 CATIA 与 SolidWorks，其中 CATIA 对隧道等曲线曲面的建模支持较好，且该软件基于参数化原理进行建模，可以通过对变量的设置实现构件的参数化建模。SolidWorks 软件不仅可以建立机械零件的三维模型，还可以实现在软件内的有限元分析，目前主要应用于机械设计领域。在土木工程领域，达索系统也推出了"土木工程设计与建造"的全套解决方案，力求满足建筑工程从参数化设计到信息化施工，及智能化运维全过程的需求。目前，已经有一些学者将达索平台下的软件应用于隧道工程 BIM 建模之中，并取得了一定成果，验证了达索平台在隧道工程中的适用性，但进一步的应用效果还有待考究。

奔特力平台以基础设施行业解决方案而闻名。奔特力旨在为建筑设计师、施工人员提供完善的行业解决方案，以推进建设进步为核心，在轨道交通、给排水工程、电力与燃气、水利工程、通信工程、工业制造、道路工程等领域都有着广泛的应用。奔特力平台下的核心 BIM 建模软件是 MicroStation，与其他三维建模平台不同的是，它不仅拥有强大的三维建模能力，同时还支持完整的二维绘图功能。总的来说，奔特力平台可用于建筑物的三维设计，实现设计可视化、模型信息化和建模参数化，适用于各种类型与规模的项目。数据格式的兼容性是 MicroStation 的一大优势，它兼容如 SHP、DWG、3DS 等各种格式，打破了各个软件之间数据格式不兼容的壁垒。针对不同行业的建模需求，如建筑、桥梁、地质等行业，奔特力开发了相应的配套软件，以满足不同的建模需求。奔特力平台在国外已经有许多应用，随着平台知名度的提高，其也在国内许多项目，如南水北调工程等中有所应用，取得了一定的应用成果。

Tekla 平台下的 Tekla Structures（Xsteel）软件是一款三维建模软件，与其他软件一样，它也可以创建构筑物完整的三维模型。Tekla Structures 擅长的领域主要在钢结构的设计方面。由于传统二维深化设计的局限性，对于复杂的节点设计，二维制图已经不能满足工程建设需要。在越来越多的钢结构深化设计中，利用 BIM 设计的优势，设计人员已经开始使用三维建模的方法进行钢结构的深化设计，而 Tekla Structures 可以精确地创建任意复杂钢结构三维模型，而且模型包含满足生产和安装的所有信息。在解决大型复杂的钢结构设计、加工、安装上，Tekla 平台具有独特的优势。所以，在建筑工程领域，尤其是钢结构领域，Tekla 平台是具有一定的适用性的，但在隧道工程结构方面，因为大型复杂的钢结构设计还比较少，故适用性有限，但不排除在隧道工程配筋设计方面使用到 Tekla 平台。

隧道工程的设计、施工需要多专业之间的协同与协调，包括土木、岩土、结构、电气和给排水等专业。同样，对于软件平台的选择，首要考虑的是满足隧道工程建设各阶段、各专业的建模要求，其次考虑建模的效率、模型的精度、模型完整性、数据的兼容性、模型应用的广泛性等方面。考虑到目前市面上欧特克平台拥有较高的市场占有率，对国内 BIM 标准的兼容性和跟进程度远高于其他平台。同时，它也提供针对隧道工程的配套解决方案。从隧道工程 BIM 模型的建立到模型信息的管理都有解决方案，配套的系列软件可以在统一的体系下进行隧道的设计和优化，满足现代隧道 BIM 设计需要。另外，考虑到欧特克平台对于异形结构和复杂的曲线曲面结构建模困难，而其他平台在这方面更为擅长。经综合考虑，这里采用以欧特克平台为主，辅以其他多种相关三维建模软件进行隧道工程 BIM 模型的综合建立。

（二）参数化建模理论

目前，参数化建模已经广泛应用在机械设计中了，前文提到的达索平台旗下的建模软件，就是以参数化为驱动进行设计工作的。简单地说，参数化设计就是提取设计的各种要素作为设计变量，通过特定的设计函数或设计逻辑将变量关联，用户只需输入参数，即可自动生成模型，其特征是以数据为原料，以函数逻辑为驱动。所以，参数化设计的关键是找到关键参数和关键逻辑。它含有三个要素，即用户输入的参数、设计函数或逻辑、生成的模型。参数化建模所生成的模型可以与参数和逻辑相互分离，参数和逻辑也可以成为模型的一部分。

传统的二维设计以平面坐标来建立几何图形，以几何图形来创建图元，以图元组合的形式做到产品设计，这样的设计流程有先天的缺陷，图形、图元、设计是相互孤立的，对于单个图形进行编辑势必会导致模型的改变，导致提取的工程图出错。而参数化模型是基于特定的设计参数，改变一个参数值，实现模型的整体生成，且保持图形、图元之间的关系不变。例如，传统设计中的长度、角度、大小、相对位置关系是孤立的，要修改一个模型，需要修改以上所有参数，而在参数化设计中，可以通过编写函数或公式的方式，只选择一个关键参数，将其余的参数以函数或公式的方式进行关联，使得只修改其中一个参数就可以驱动所有参数的改变，从而驱动新模型的生成。

可见，参数化建模具有常规建模手段所不具备的优势。目前，建模平台所提供的基础功能均不能完美地建立出隧道的建筑信息模型。因此，将参数化建模的理念应用在隧道工程 BIM 应用中是必要的。

（三）BIM 建模技术路线

一套完整的隧道工程的 BIM 模型需包含地质、路线和隧道结构模型。面向隧道下穿施工的模型还包括环境模型、施工器具模型等。在开始建立模型之前，需要先根据工程阶段和模型用途，综合研判进行建模需求的确定，分析确定模型的建立标准与精度。然后根据模型构件的结构形式与特点,选择合适的建模软件,对于软件基础功能无法建立的异形构建,选择用参数化的方式进行模型的建立。建立完模型后需要将模型的信息附加在几何模型上,以便后期的模型应用。

二、多软件协同建立下穿隧道工程 BIM 模型

(一)模型标准精度选择与任务分解

正如前文所提到的,在 BIM 模型建模前的精度标准选择,需要根据工程阶段、模型用途等确定。这里所建立的模型主要在下穿施工阶段使用,具体的用途包括模型计算、工程监测、工程进度、工程成本等的管理。在《铁路工程信息模型交付精度标准》中,模型精度分为 LOD1.0、LOD2.0、LOD3.0、LOD3.5、LOD4.0、LOD5.0 六个等级,信息深度分为 N1.0~N4.0 共四个等级。模型精度和信息深度可以采用非同等级搭配。

就这里所建立的模型的用途而言,工程进度、工程成本的管理在使用模型时对模型的精度要求更高,而模型计算、工程监测使用的模型更偏向于高信息深度。因此,为了不造成资源的浪费,同时满足功能需求,同时为运维阶段的模型需求预留条件,这里所建立的模型精度在 LOD3.0~LOD4.0 之间,而模型的信息深度则根据模型用途确定等级在 N2.0~N3.0 之间。

在确定好建模的精度之后,需要对建模任务进行分解。在进行建模任务的分解前,先对模块化建模作简要的阐述,模块化是指将复杂的系统分成相对独立、通用的子系统,各个子系统相互组合来构成复杂的系统。模块化的设计思想已经广泛应用于工业设计、计算机程序设计中。而隧道工程的 BIM 模型包含的专业众多,各个专业又包含众多的组成元素,每个专业和要素又是相互独立的模块。因此,可以将模块化思想引入隧道工程 BIM 模型的建立中。通过

建立各个要素，即单独的模块，后面根据模型需求对各要素进行组合建模。模块化的建模具有效率高、灵活性高等优点。事实上，这与 Revit 软件中提供的模型"族"功能的思想是一致的，这也是隧道下穿既有铁路工程的主要建模思路。

目前，工程上所用的分解原理有工作分解结构（work breakdown structure, WBS）和工程系统分解结构（engineering breakdown structure, EBS）。两种分解在 BIM 应用中都扮演着十分重要的角色。

WBS 是在工程项目中分解各层次工作的方法，它的分解对象是工程全过程，将工程项目按照实施过程分解为相互独立的工作单元。WBS 分解的主要作用有：理清工作思路，确定工作范围；反映工作单元之间的逻辑关系；进行项目的全流程管理，包括计划、进度、成本等。

EBS 是指在工程系统功能分析的基础上，按照功能、专业（技术）将工程系统分解为一定的工程子系统而形成的树状结构。EBS 分解的方法主要有两种：一是基于工程的空间范围进行；二是基于工程的系统构成进行。这里主要采用的分解方法是后者。

（二）隧道 BIM 模型族库建立

以上确定了隧道 BIM 模型的精度，并对隧道结构构件进行了分解，明确了隧道工程 BIM 建模的内容。下面将使用 Autodesk 平台下的 Revit 软件为主的建模方案对模型一一进行建立。在 Revit 建模中，通过图元的组合来进行模型的建立，图元作为构成项目的基本元素，主要分为建筑图元、基准图元、视图专有图元。

建筑图元分为主体图元和模型图元，如墙、板、柱属于主体图元，门、窗属于模型图元。基准图元用于项目模型定位的图元，如轴网、标高等。视图专有图元即对项目模型进行辅助描述或归档的图元，分为注释图元和详图图元，如尺寸标注、特殊标记、注释、详图等。

在 Revit 中，组成项目的各个构件叫作"族"，它是以.rfa 格式存储的文件，它是一个包含参数信息的图元组，族内有不同的图元，但包含的参数集合是相同的，可以通过定义和修改不同的参数，得到不同的族的变体，这些变体称为族类型。族作为构成项目的各个构件，相当于"积木"，同时还具有参数化的特征，这与前文提到的参数化建模和模块化建模理念不谋而合。

在 Revit 中，族的类型分为三种，即系统族、内建族和可载入族。系统族预定义于项目中，只能在项目中进行创建和修改，如墙、板、柱、轴网、标高等。内建族只能存储于当前的项目中，并只能被当前项目来使用，不能以单独的.rfa 格式存储为单独文件。可载入族是相对于内建族而言的，故也叫外建族，它可以以单独的.rfa 格式存储，它是使用族样板在项目之外进行单独创建的，可以随时在项目中进行载入或卸载，具有自定义程度高、灵活性高的特点，通常所使用的门、窗、家居等都是可载入族。可载入族也是创建各种构件或异形构件常用的族。在本章中，隧道的各个构件因在 Revit 软件中无预定义或内置，主要是通过创建可载入族的方法来构建的。本工程所需要的族库包括盾构隧道模型和周围环境模型，根据建模需要，族库模型分为参数化模型和非参数化两类。

三、模型信息附加与模型整合优化

（一）模型信息附加

构筑物的三维模型建立仅是建立 BIM 模型的基础，一套完整的 BIM 模型包含几何模型和模型信息，而模型信息是 BIM 模型的灵魂。这里所说的模型信息包含模型的几何信息和除几何信息以外的所有非几何信息。几何信息，是驱动生成三维模型的几何构造有关的信息，如模型的尺寸大小、位置信息、姿态信息和空间关系等。这些信息是在建模之初就包含在模型中的，可以通过软件直接在模型中进行提取。非几何信息，包括几何信息之外的信息，如模型构件的材料属性、生产信息、安装信息、运输信息等等，非几何信息虽然不能直接驱动模型的三维形状，但是非几何信息是几何信息的间接控制变量，同样驱动着 BIM 模型的建立，并在 BIM 模型中发挥着重要作用。对 BIM 的模型进行信息附加的工作伴随着 BIM 模型的全生命周期。从设计阶段的模型建立，到基于 BIM 模型的施工管理阶段，再到基于 BIM 模型的运维管理，BIM 所包含的信息逐渐丰富，直到建筑的生命周期结束，此时信息深度达到最高。

这里仅对 BIM 模型建立阶段做简要阐述。这个阶段的信息是 BIM 模型信息中最基础、最重要的模型信息，大体包括：文件信息，即文件的命名，包含工程、工点、部位等信息，便于模型的分类查找；构件的类型及空间位置信息，包含模型构件的类型和定位信息，用于区分构件；几何尺寸信息，即驱动模型三维造型的信息，如尺寸标注中的长度、宽度、面积、体积等；属性信息，如模型的材质、工艺等信息。

（二）隧道 BIM 模型整合

将模型的各个部分进行整合的过程中主要存在两个问题：一是不同软件的格式兼容问题；二是不同模型的坐标统一问题。

对于各模型文件格式的统一，目前 Revit 提供有导入.dxf、.dwg、.dgn 文件的功能，应该说能兼容目前市面上大部分三维建模软件的文件格式，且能够保证模型的完整性，故可使用 Revit 进行模型的整合工作。对于坐标的统一问题，目前各个建模软件都有各自的世界坐标系、建模坐标系等，在各部分建模时使用的都是单独的坐标系，故在模型拼合时需要对各个坐标系进行统一。在本工程中，可沿隧道中心线建立统一的坐标系，将下穿既有铁路的盾构隧道施工的 BIM 模型划分为三大部分，即下穿施工段、南侧工作井、北侧工作井，在此基础上进行模型整合。

（三）模型碰撞优化

传统的施工设计方法基于二维平面，二维设计本身的局限性导致设计的缺陷不易及时暴露，从而使一些设计问题在施工过程中才被发现，往往造成一定的损失。基于 BIM 的三维设计以直观可视化为优势，施工设计效果三维可视，设计人员和施工人员可以轻易发现施工设计中的缺陷，以优化设计。基于 BIM 模型的碰撞检查是优化设计的重要应用，Revit 提供"碰撞检查"功能。将整合好的 BIM 模型在 Revit 中集成，使用碰撞检查功能，即可对模型设计中的构建冲突情况进行检测。例如，在施工设计中，施工工作井横撑与管棚施作存在冲突，利用此功能可及时对施工设计进行调整。

第三节　基于 BIM 模型的铁路隧道工程变形分析

一、BIM 模型与有限元计算模型的转化思路

有限元计算作为现代结构分析的常用手段，也广泛应用于隧道结构分析中。通常，在设计阶段，需要通过有限元计算的方式对支护参数进行设计，如锚杆长度、衬砌厚度等。在施工开始之前，也需要通过有限元计算的方式对不同的施工方案进行评估，合理地选择施工方法。在施工过程中，也需要通过有限元计算的方式对现场情况进行及时反馈，根据计算结果进行动态的设计。可见，有限元计算在隧道建设中发挥着十分重要的作用。

通常，有限元计算的大致步骤有：前处理、荷载施、计算求解、后处理。

BIM 技术拥有强大的三维模型建立能力，其建模的精度往往比用于有限元计算的模型精度高许多。但是，目前大部分 BIM 软件还不能实现直接在软件内进行模型的有限元计算。本工程所使用的各平台情况类似。几何模型的建立往往是整个有限元计算中最困难烦琐的步骤，需要花费大量的时间和精力，而建立的模型往往存在精度低等缺点。因此，将 BIM 技术与有限元计算结合无疑是最好的选择，不仅可以降低建模成本，还能保证模型的准确性。对于结合的思路，在有限元计算的前处理流程中，"建立几何模型"正好对应了在 BIM 模型建立过程中的几何模型构建，而"定义单元及材料"对应了上文中 BIM 模型所附加的模型信息。因此，虽然 BIM 模型不能直接用于工程上的有限元计算，但是可以间接地为有限元计算模型提供几何模型基础和模型材料属性信息基础，故只需要找到将 BIM 模型转换为有限元计算模型的路径即可。

经过研究，拟利用"中间文件"的思路，即使用两方甚至多方都能识别的文件格式进行模型的转换，这样既避免了复杂的计算机编程开发工作，又能保证模型的准确性，实现几何模型的无损转换。

二、计算模型建立

最终确定使用双层大管棚和注浆的工法对地表变形进行控制。为了验证工法选择的正确性，对施工控制方法进行进一步优化，同时对施工过程中地面变形的规律作进一步探究，以更好地在施工过程中采取灵活的应对措施。对盾构下穿模型进行有限元计算是十分必要的，这对保障盾构顺利下穿有着重要的参考意义。

根据前文提出的模型转换思路，可使用 Revit 软件对隧道下穿施工 BIM 模型进行建立。在模型精度的选择方面，建立几何精度为 LOD200 的模型，但是在信息深度的选择上，因为有限元计算需要使用到围岩、衬砌等属性信息，其对应的信息深度较高。因此，本次建立的 BIM 模型是低几何精度、高信息深度的模型。

本次计算主要关注盾构下穿过程中，铁路咽喉区地表的沉降变形规律，故在建模的纵向范围上，仅选取隧道下穿范围取两侧大管棚工作井间距（60 m）为纵向掘进长度。同时，为了避免边界对计算结果产生影响，取双线隧道外轮廓边界的3～5倍长度作为模型横向宽度，本节取值为 80 m。选取密实砂卵石底层作为模型的底部边界。建立好模型后，需要将有限元计算所需要的物理学参数附加于模型之中，按照信息附加方法，附加地层、结构的物理学参数，如压缩模型、弹性模型、泊松比等。

三、计算设置

（一）工况设置

为了对比地层加固措施对于路基沉降变形的控制效果，设置模拟工况对下穿过程进行模拟。

（二）参数设置

通过提取 BIM 模型的方式得到模型的土层以及衬砌的参数，除此之外，还需要对管棚加固体和注浆加固体的参数进行确定。通常，在涉及管棚加固的有限元计算中，所采用的模拟方法有两种，一种是弹性单元法，另一种是刚度折算法。

其中，弹性单元法是将管棚分离为单独结构，视为梁、板等弹性单元进行模拟，这样虽然最接近管棚本身的物理性质，但是管棚与地层的物理学特性相差较大，导致两者应变差异较大，不能模拟出管棚和岩土体之间的变形协调，且对多根管棚与岩土体之间的耦合作用考虑不足。

刚度折算法，即将管棚支护所产生的刚度按照一定的换算方法折算到围岩中，以提高围岩的刚度的方式来反映管棚加固效果，在计算时采取弹塑性应变求解。相较于复杂的弹性单元法，刚度折算法简单实用，且不需要增加计算单元，故本工程采用刚度折算法对管棚进行模拟。

（三）模拟设置

在模拟过程中，初始岩土体及加固后的岩土体采用莫尔-库仑本构模型，衬砌支护等采用弹性本构模型。计算时，首先进行初始地应力的平衡，后进行人行通道的开挖施作，以进行初始位移的清零。模拟盾构施工时，按照实际施工中采用的先左线、后右线的施工顺序进行计算。对于盾构施工过程的动态模拟采用刚度迁移法，即利用"单元生死"来模拟材料消失、产生，从而模拟盾构的推进。

四、计算结果

计算结果表明，在沿隧道掘进方向的地表沉降中，盾构先经过的里程沉降最大。

有限元计算是科学研究的手段，现场一线施工人员往往不会使用，更不会对有限元计算的结果进行分析判断，因为通过有限元计算得到的计算结果包含大量数据，提取难度大，且原始的数据不免存在抽象、繁杂等问题。使用BIM技术可以实现计算结果的可视化表达，大大降低数据的读取与识别难度，使得现场的施工人员可以通过BIM模型得到相应的有限元计算结果。对于有限元计算的结果与BIM模型的结合思路，其实可以简化为信息附加问题，即将有限元计算的结果以非几何信息附加于BIM模型上，使BIM模型包含结果数据。

对于具体的实现方式，一方面，可以将沉降控制的关键点在BIM模型中进行重点标识，同时将该关键点的理论沉降值以"实例参数"的形式附加于该点上。另一方面,可以将关键截面的沉降云图以材质贴图的形式附加在对应的地层截面上,施工人员打开 BIM 模型即可查看关键截面的理论沉降情况,便于在施工过程中采取相应的措施。

第四节 基于 BIM 的施工信息化监测

一、基于 BIM 的信息化监测实施路线

监控量测作为辅助隧道施工的重要环节,是施工现场动态信息收集的重要途径,更是指导隧道动态施工的重要依据。目前,隧道监控量测大多依靠人工量测,数据由人工处理,自动化程度极低。另外,信息的反馈滞后,导致施工现场的动态信息无法及时反馈给施工各方,不仅造成监测数据变成无效数据,更影响着施工的安全。本隧道工程施工现场周围环境复杂,上部铁路咽喉区的变形控制直接影响运营铁路的运行安全。因此,对铁路咽喉区地表进行有效的变形监测是本工程的一大难题。BIM 技术的引入,为解决这些既有问题提供了方向。BIM 技术具有信息完整性和可视化为优点,因此可以将监测信息与 BIM 技术相结合,建立包含监测信息的 BIM 模型。可以数据为驱动,以 BIM 模型为载体,实现监控量测的数据采集处理自动化、监测信息与预警可视化。

二、自动化地表沉降监测方案

（一）监测目的

隧道施工期间，铁路咽喉区地表的沉降变形是不可避免的。但沉降值超过限度时，就会危及施工安全与行车安全。通过监控量测信息反馈，可以达到以下目的：

（1）监测宝成铁路受下方成都地铁 5 号线施工影响产生的沉降，评价其安全性及对行车的影响程度。

（2）分析验证隧道下穿施工时的变形控制方法和施工控制手段的科学性和合理性，以对施工方案进行及时优化。

（二）监测系统设置

因监测区域为在运营铁路，无法采用人工监测，故引入远程全自动静力水准仪监测系统。本系统主要由数据采集层、数据传输层、数据存储层等部分组成。为了便于沉降监测系统的管理和维护，减少对在运营铁路的影响，减少工作量，需要一次性将沉降监测点以及沉降数据采集系统安装到位。系统数字采集器采用分布式 Zigbee 无线数据采集器，各采集器须布置于距离各测试断面最近的地方，使得静力水准传感器输出的信号传输距离最短。同理，将网络控制器放在所有测点的中心位置，保证与现场网络通信传输距离最短，便于安装，节约成本。将监测数据通过网络控制器传上网络服务器。后由本地控制中心负责对数据进行处理、分析、存储和发布等。

（三）现场布置

现场监测点布设的施工方案如下：

先在监测点位处路基挖坑浇筑监测底座，然后钻孔用膨胀螺栓固定静力水准监测仪。液体管及元件导线穿过隧道时，需要采取对自身的保护措施（穿PVC管等），并考虑路基沉降超标后工务段在线路维修时不致破坏液体管及元件导线，以免影响监测系统的正常运行。

三、基于 BIM 的隧道施工可视化监测

（一）隧道施工实际应用

通过对 Revit 软件进行二次开发，建立了监测信息可视化与预警系统，实现了监控量测技术与 BIM 技术的结合。该系统在隧道下穿施工中的实际应用情况如下：

1.测点可视化

在已有的隧道施工的整体模型上，建立静力水准仪的族，按照实际水准仪的尺寸，新建"常规模型族"，建立水准仪族模型。将水准仪模型文件按对应位置在模型中进行放置，并对每个水准仪模型的测点编号以添加实例参数的方式附加在模型上。通过以上操作可以实现测点的可视化，通过 BIM 模型可以直观地展示出各监测点的位置信息，监测人员和施工人员可以将 BIM 模型测点与实际测点进行对照，方便测点查找和数据比对。

2.监测信息导入 BIM 模型

从隧道施工现场传输回来的信息存于 Excel 表格之中，表格中的数据信息包括监测日期、测值、监测人员、计算理论沉降值等。使用开发的"监测管理"模块，进行监测点模型与监测数据的连接，点击"信息导入"功能，选择监测点，在弹出的对话框中选择该点对应的 Excel 文件，上传文件，即可将当前的监测数据上传至该监测点。

3.监测信息展示

通过监测数据与监测点 BIM 模型的连接，可以使监测信息直观地在 BIM

模型中进行展示。点击"信息查看",选择要查看的监测点,如 J2-6,系统会自动弹出对话框,显示该点的一些非几何信息,如 J2-6 测点的当前沉降值、监测时间、记录员等。同时,信息展示中集成了该测点的理论沉降值,可以为施工进程提供参考。相较于使用"实例参数"添加非几何信息的方式,此方式实现了模型非几何新的快速添加与直观展示。

4.测点沉降曲线查看

传统的沉降监测曲线需要在 Excel 表格中单独生成,沉降曲线与模型不能实现一一对应,基于 BIM 的沉降监测管理系统,集成了沉降曲线查看功能。施工人员只需点击"沉降曲线"按钮,点选要查看的测点,即可生成对应测点的沉降曲线,直观地展示测点监测值的动态变化,用于指导施工。基于 BIM 模型的监测曲线展示,利用了 BIM 模型信息集成和可视化特性,解决了传统监测信息查询查看的烦琐、抽象等问题。

5.可视化预警

利用可视化报警功能对监测数据进行分析预警,点击"超限预警",系统提示输入报警阈值,填写阈值预警值为 2.3 mm。当系统检测到有测点的沉降值超过阈值时,会触发报警功能,测点 J2-1 在下穿施工过程中沉降值为 2.5 mm,系统给出了弹窗进行提示,并自动将 J2-1 测点模型的颜色变为红色,以直观地表示预警情况。监测人员可点击跳转定位该测点。

(二)应用意义

监控量测是指导隧道施工的重要环节。监控量测与 BIM 的深度结合,打通了 BIM 模型信息与监测信息的数据交流通道,使基于 BIM 的监测模式得以形成,充分地将 BIM 技术信息化、可视化、模拟性、优化性等特点反映在了监控量测上。主要的应用意义如下:

(1)通过利用 BIM 技术的模拟性,在下穿隧道 BIM 模型中实现了测点的三维可视化布置,以虚拟监控量测系统实现了模型与实际的对应,实现了监测测点布置的精确性与合理性。

（2）通过监测数据与 BIM 模型的深度连接，利用 BIM 技术可视化特性，以直观的方式对隧道下穿过程中的监测信息进行了展示，解决了传统监测数据的抽象问题，更方便地为施工人员提供了施工指导。

（3）通过 BIM 模型与预警信息的互动，对隧道下穿施工过程进行了预警，提升了传统施工监测的信息化水平，保证了下穿施工的施工安全，同时也保证了上部铁路的运营安全。

第五节　基于 BIM 的施工成本与进度信息化管理

一、基于 BIM 的隧道施工进度管理

（一）传统隧道施工进度管理现状

我国对工程进度的研究始于 20 世纪 60 年代，华罗庚将项目管理的概念引入我国，并将"统筹法"应用到工程项目的进度管理中。统筹法又称网络计划法，其以工序时间为参数，以计算工序关系和简单的计算方法，找到控制工程的关键工序，从而对整个工程的所有工序制定符合实际的统筹安排，达到施工进度管理的目的。统筹法为我国现代项目管理理论研究奠定了基础。经过多年发展，现代工程项目管理理论已经从初探走向成熟。通常来说，在项目的进度管理中，首先需要制订合理的计划，确定时间目标，在执行计划的过程中，进行计划与实际进度的纠偏，保证项目的按时完成。目前，在施工进度管理中，

常用的管理方法如下：

（1）甘特图法。甘特图又称横道图，是目前施工现场进度管理最常用的方法。它以条状图形来显示项目的进度，以横轴为施工时间，以纵轴为施工工序，用日历的方式将项目的进度信息直观地表示出来。显然，简单直观是甘特图法的最大优点，但甘特图能反映的内容有限，无法反映工序之间的逻辑关系。对于大型复杂的项目，甘特图法不适用。

（2）关键路径法。关键路径法对项目进行任务分解，建立各个分项任务之间的逻辑关系，以数学分析为原理，运用特定的算法对项目路径进行分级计算，从而找出项目实施过程中最长工期的路径，此路径为关键路径。通过对关键路径的优化，可以实现对整个项目进度管理的优化。关键路径法能够反映出各工序之间的逻辑关系，适用于复杂的项目。

（3）计划评审技术。它以网络图的形式表达项目的进度和项目之间的相互关系，在此基础上进行分析和时间预计，它用来制订计划和对计划进行及时的评价，能够协调计划的各个工序，提升项目的施工效率。

以上列出了目前工程实际应用中常用的进度管理方式，项目的进度管理作为项目管理的核心部分之一，对项目进度节点的达成起着决定性作用。虽然现代进度管理手段的推广应用，在一定程度上提高了现代项目进度管理的水平，为进度目标实现提供了保障，但是由于各管理方式自身缺陷以及项目在实施过程中的应用情况，目前项目进度管理还存在以下问题：

（1）进度管理协同性弱。在涉及多单位、多专业的复杂工程中，进度管理对各方的协同性要求较高。在现有的进度管理模式中，进度计划及实施信息主要以各分项工程的施工方独自统筹为主，各施工单位的信息沟通的顺畅性和现场反馈的及时性均存在问题，各单位各司其职，往往造成进度目标无法完成的状况。

（2）进度控制以事后控制为主。传统进度控制方法中无论是使用横道图还是关键路径法，对计划的编制总是与实际进度状况相脱离，不注重计划实施过程中的检查、对照、纠偏，往往在进度滞后时再考虑工期、资源的调整，这种事后控制的模式会造成工期的延误。

（3）计划实施与资源匹配脱节。进度计划的编制与实施需要相应资源的匹配，如人力资源、机械设备、材料等。但在实际的操作过程中，资源的匹配无法满足进度的需求，或是资源落实过程出现各项资源不匹配的情况，如有人无材或是有材无人的状况，均会造成计划目标无法达成。

（二）BIM 技术在隧道工程进度管理中的应用

应该说，随着现代管理理论的应用，项目管理效率在一定程度上得到了提高，但是由于各管理方式自身的缺陷和信息化水平的不足，在工程实际的实施过程中还存在不同程度的工程延期现象。结合本工程的实际工况，在关键工序即隧道下穿施工过程中，需要在上部铁路运营的天窗时间进行施工，如何保证施工过程中的快速精确，是本工程的重难点之一。BIM 技术是集信息化与数字化于一体的技术，将其用于隧道下穿过程中的进度管理，可以预见的价值有：

（1）建立基于 BIM 模型的进度管理模型，可以为各方提供信息交换的平台，能够显著提高参建各方信息与数据沟通的顺畅性，提高施工效率。

（2）利用 BIM 技术可视化的优势，可以在施工之前对施工全过程进行全真模拟，直观地展示施工过程中各个工序之间的逻辑关系，对施工方案进行进一步优化，以施工时间为刻度，实现施工方案的最优化。

（3）利用基于 BIM 的进度管理平台，可以实现对进度的精确控制，同时还可以对资源进行精确的配置，保证作业空间和资源供给，减少延误。

（4）基于 BIM 的进度管理是动态的，可以做到对现场进度的动态收集，对计划与实际进度进行实时的比对，辅以相应调控措施，即可从传统的事后管理转变为施工进度的动态管理。

对于 BIM 技术在隧道下穿过程中的应用路线，其核心是对 BIM 4D 模型的建立。所谓 BIM 4D 模型，是指在三维的建筑信息模型的基础上，增加时间维度，建立基于 BIM 的 4D 施工进度管理模型。通过将施工进度与三维模型相关联，将空间与时间结合，辅以资源配置的融合，在计算机内部对建筑施工过程进行全真模拟和全过程的跟踪,达到工期控制的目的。

具体操作路线为:建立下穿施工的三维 BIM 模型,为建立进度管理模型提供模型基础;根据项目的工期控制目标和资源限制,结合本工程的施工现场情况、基坑管棚等施工方案、施工工段划分、施工参建方信息、施工工艺信息等,进行工程 WBS 分解;在 WBS 分解的基础上进行施工进度计划的编制,包括总计划、二级进度计划等;将编制好的进度计划与建立好的 BIM 模型进行集成,形成隧道下穿既有铁路施工进度管理 BIM 4D 模型;在 BIM 4D 模型的基础上,进行施工全过程的模拟,在模拟过程中对施工计划进行进一步优化;在施工实施过程中,将现场的进度与计划进度进行比对,采取相应的措施进行及时纠偏,确保目标达成。

二、基于 BIM 的隧道施工成本管理

(一)传统隧道施工成本管理现状

传统隧道施工成本管理信息化水平低,无论是在施工前还是在施工中,成本管理大多依靠人工经验,对事前的成本预测、过程中的成本管控都缺乏科学的判据,影响成本管理的精确性。通过调研,目前在隧道施工成本管理中存在的主要问题如下:

1.工程量计算精确性差

传统的隧道设计采用二维设计,在进行工程量计算时,需要工作人员对照图纸进行一一统计,并手工记录,这样做容易造成统计的疏漏出错,且统计效率极低。目前,已经有部分厂商推出了算量软件,但这些软件大多针对房建领域的算量,对隧道等基础建设领域支持较弱。因此,解决工程量计算问题是做好施工成本管理的首要任务。

2.成本动态管理不足

在施工进行过程中,成本数据是动态更新的,如人工、材料、机械价格,

传统以工程总承包建设方式的成本管理,以事前的静态管理为主,而忽略了施工过程中的动态调控,造成成本失控。

3.成本信息共享不足

归结于传统施工建造方式,各项信息的流通都为线性传递方式,包括成本信息的传递。这导致造价工程师所获得的信息无法在建设各方进行共享,同时各方工程师之间无法进行协同工作,影响了造价管理的工作质量。成本管理作为施工管理中的重要一环,直接影响工程的顺利交付。传统成本管理的技术手段、方式的局限性,使得目前实际施工的成本管理粗放、低效。隧道下穿咽喉区施工中包含的参建方多、施工工序复杂、施工产生的成本管理项众多,因此做好隧道下穿过程中的成本管理也是本工程的重中之重。

(二) BIM 技术在隧道施工成本管理中的应用

成本管理的核心是有效地使用有限的资源,以最优的成本完成工程建设。工程施工的成本管理,主要集中在施工准备阶段和施工过程中。将 BIM 技术引入隧道下穿施工的成本管理中,主要的作用如下:

在施工准备阶段,BIM 技术可以用于工程造价的预估,利用 BIM 模型的信息完整性,在预算制定阶段,BIM 模型可以为造价工程师提供完整的设计参数、工程参数和工程量等信息。将这些可量化的信息与市场的技术经济指标结合,即可方便地计算出预算成本概况。目前,大部分 BIM 建模平台都可以做到对工程量快速准确的统计和导出,提高了工程量和成本测算的速度和准确性。

在施工过程中,BIM 技术同样可以用于对施工成本的管理。在 BIM 信息模型中加入不同的信息维度形成 BIM nD 的概念模型,其中的"D"元素代表与模型相关的信息维度。利用 BIM 模型加上进度计划,也就是时间维度的方式建立了 BIM 4D 模型,用于隧道下穿施工的进度管理。同理,在已建立好的 BIM 4D 模型上添加关于成本的信息维度,即可形成 BIM 5D 模型,用于施工时的成本动态管理,为建设者提供相关决策依据。

参 考 文 献

[1] 白嵩.论公路桥梁隧道工程施工中灌浆法加固技术的有效应用[J].山东工业技术,2019（12）：123.

[2] 陈刚,李炜莉.公路桥梁隧道工程施工中灌浆法加固技术的应用研究[J].现代物业（中旬刊）,2018（8）：195.

[3] 褚英奎.道路桥梁隧道工程施工技术[J].中国高新科技,2020（13）：126-127.

[4] 崔华芬.道路桥梁隧道工程施工中的难点和技术对策分析[J].运输经理世界,2021（8）：91-92.

[5] 崔卫伟.道路、桥梁、隧道工程施工中的难点与技术应用浅析[J].建筑技术开发,2021,48（3）：113-114.

[6] 戴静,徐祥,胡健.桥梁、隧道工程施工中的难点和技术对策[J].居舍,2022（10）：70-72.

[7] 单世广.公路桥梁隧道工程施工中灌浆法加固技术的运用研究[J].价值工程,2020,39（7）：190-192.

[8] 邓维.铁路桥梁隧道工程施工中灌浆法加固技术[J].居舍,2021（28）：37-38,72.

[9] 丁纪兴.公路桥梁隧道工程施工中灌浆法加固技术的应用[J].城市建筑,2019,16（3）：142-143.

[10] 段伟超.关于桥梁隧道工程施工质量控制难点及技术对策分析[J].运输经理世界,2020（13）：68-69.

[11] 范玲玉.灌浆法加固技术在桥梁隧道工程施工中的应用分析[J].科技创新与应用,2017（15）：231.

[12] 冯博.公路桥梁涵洞隧道工程施工技术应用[J].工程技术研究,2017(4):63,73.

[13] 高翔.浅析道路桥梁隧道工程施工中的难点和技术对策[J].城市建设理论研究（电子版）,2020（19）:85-86.

[14] 郭杭永,郭杭建.道路桥梁隧道工程施工中难点和技术对策分析[J].城市建设理论研究（电子版）,2017（13）:145-146.

[15] 何岸.道路桥梁隧道工程施工中的难点和技术研究[J].企业科技与发展,2020（1）:145-146,149.

[16] 何东航.桥梁隧道工程施工中难点和技术对策[J].建材与装饰,2019（30）:246-247.

[17] 贺海峰.公路桥梁隧道工程施工中灌浆法加固技术的应用[J].居舍,2020（31）:44-45,38.

[18] 贺意.道路桥梁隧道工程施工中的难点和技术研究[J].门窗,2018（1）:198.

[19] 胡阳,温洪儒.分析道路桥梁隧道工程施工中的难点和养护技术[J].建材与装饰,2019（15）:276-277.

[20] 江俊,赵洪颖.道路桥梁隧道工程施工中的难点和技术对策探究[J].居业,2019（6）:95.

[21] 江正峰.公路桥梁涵洞隧道工程施工技术探讨[J].建材与装饰,2017（51）:284-285.

[22] 蒋磊.公路桥梁隧道工程施工中灌浆法加固技术的运用[J].科技创新与应用,2019（5）:168-169.

[23] 康云山.桥梁隧道工程的施工技术经验分析[J].智能城市,2018,4（16）:113-114.

[24] 李毅,刘新权.桥梁隧道工程施工难点与技术对策解析[J].建筑技术开发,2020,47（10）:117-118.

[25] 李永红.浅谈灌浆法加固技术在桥梁隧道工程施工中的应用[J].城市建

筑，2020，17（3）：150-151.

[26] 李勇勇.道路桥梁隧道工程施工中难点与技术对策研究[J].城市建设理论研究（电子版），2018（2）：161.

[27] 凌建军，彭维喜.浅议桥梁隧道工程施工质量控制难点及技术对策分析[J].中小企业管理与科技（下旬刊），2018（3）：160-161.

[28] 刘博超.浅议桥梁隧道工程施工质量控制难点及技术对策[J].科技视界，2018（8）：220-221，80.

[29] 刘风，王洋.试议道路桥梁隧道工程施工技术与安全监控[J].科技风，2019（5）：118.

[30] 刘富伟.道路桥梁隧道工程施工设备中的难点和技术研究[J].设备管理与维修，2021（6）：117-119.

[31] 刘军.公路桥梁隧道工程施工中灌浆法加固技术的应用[J].四川水泥，2020（4）：35.

[32] 龙海生.道路桥梁隧道工程施工中的难点和技术研究[J].城市建设理论研究（电子版），2017（18）：185-186.

[33] 鲁林.试析公路桥梁隧道工程施工中灌浆法加固技术的应用[J].价值工程，2019，38（22）：155-157.

[34] 鲁林.试析桥梁隧道工程施工质量控制难点及技术对策[J].价值工程，2019，38（25）：181-182.

[35] 罗汉勇.公路桥梁隧道工程施工中灌浆法加固技术的运用研究[J].中国设备工程，2021（18）：169-170.

[36] 罗宏涛.基于标准化下桥梁隧道工程施工质量控制难点及技术对策[J].中国标准化，2021（14）：108-110.

[37] 罗建波.道路、桥梁、隧道工程施工中的难点与技术对策[J].绿色环保建材，2021（7）：85-86.

[38] 马志敏.探究道路桥梁隧道工程施工中的难点和技术对策[J].城市建设理论研究（电子版），2017（18）：186-187.

[39] 庞伟彬.浅析道路桥梁隧道工程施工中的难点和技术对策[J].建材与装饰,2019(4):281-282.

[40] 宋欢庆.基于铁路桥梁隧道灌浆技术实践分析[J].中华建设,2021(4):142-143.

[41] 唐于欣.浅议桥梁隧道工程施工质量控制难点及技术对策[J].城市建筑,2021,18(3):181-183.

[42] 唐予.桥梁隧道工程施工质量控制难点及技术对策[J].工程技术研究,2021,6(21):108-110.

[43] 田磊.桥梁隧道工程施工质量的控制难点及技术对策研究[J].交通世界,2019(22):96-97.

[44] 汪治强.道路、桥梁、隧道工程施工中的难点和技术对策[J].工程建设与设计,2021(18):177-179.

[45] 王江峰.灌浆技术在铁路桥梁隧道施工中的应用[J].建筑技术开发,2016,43(5):114-115.

[46] 王洋,刘风.浅析道路桥梁隧道工程施工中的难点和技术对策[J].科技风,2019(5):113.

[47] 王永强.桥梁隧道工程施工中灌浆法加固技术应用[J].建筑技术开发,2019,46(2):122-123.

[48] 温奇锐,刘振丘.道路桥梁隧道工程施工中的难点和技术对策[J].智能城市,2021,7(8):110-111.

[49] 吴双良.公路桥梁隧道工程施工中灌浆加固技术的应用研究[J].工程技术研究,2021,6(24):60-62.

[50] 肖祁光.公路桥梁涵洞隧道工程施工技术应用[J].绿色环保建材,2021(1):97-98.

[51] 谢永康,钟鸣,刘亭玉.简议桥梁隧道工程施工质量控制难点及技术对策[J].大众标准化,2022(9):19-21.

[52] 辛弘峰.探究道路桥梁隧道工程施工中的难点和技术对策[J].中国住宅

设施，2018（6）：111-112.

[53] 邢计志.道路桥梁隧道工程施工中的难点和技术对策[J].运输经理世界，2022（18）：90-92.

[54] 闫俊杰.道路桥梁隧道工程施工技术研究[J].四川建材，2020，46（3）：151-152，195.

[55] 闫忠峰.铁路桥梁隧道工程施工中灌浆法加固技术的应用分析[J].价值工程，2018，37（16）：149-150.

[56] 颜汉文.道路、桥梁、隧道工程施工中的难点与技术对策[J].运输经理世界，2021（5）：83-84.

[57] 颜家成.道路桥梁隧道工程施工中的难点及技术策略[J].工程技术研究，2018（6）：47-48.

[58] 杨欢权.公路桥梁隧道工程施工中灌浆法加固技术研究[J].居业，2019（6）：115-116.

[59] 杨清翔.桥梁隧道工程施工安全评估监控技术研究[J].价值工程，2020，39（13）：195-196.

[60] 杨永奇.分析道路桥梁隧道工程施工中的难点和技术对策[J].居舍，2017（31）：45.

[61] 姚英德，向家顺.桥梁隧道工程施工安全评估监控技术研究[J].工程建设与设计，2021（8）：175-176.

[62] 叶明荣.桥梁隧道工程施工中灌浆法加固施工技术要点研究[J].居业，2019（1）：98-99.

[63] 衣承昕.公路桥梁隧道工程施工中灌浆法加固技术的有效应用研究[J].四川水泥，2019（11）：82.

[64] 殷志明.公路桥梁隧道工程施工中灌浆法加固技术的实践与探讨[J].四川水泥，2019（2）：76.

[65] 于春生.公路桥梁隧道工程施工中灌浆法加固技术要点研究[J].建筑技术开发，2020，47（8）：28-29.

[66] 余文魁.道路桥梁隧道工程施工中的难点和养护技术分析[J].运输经理世界，2022（13）：85-87.

[67] 余文魁.公路桥梁隧道工程开挖防护施工技术研究[J].运输经理世界，2022（15）：95-97.

[68] 蔚晋峰.公路桥梁隧道工程施工中灌浆法加固技术的应用[J].四川建材，2019，45（9）：143-144.

[69] 曾冲.浅议桥梁隧道工程施工质量控制难点及技术对策分析[J].居舍，2019（1）：45.

[70] 翟耀红.试议道路桥梁隧道工程施工技术与安全监控[J].工程建设与设计，2017（16）：115-116.

[71] 张波.道路桥梁隧道工程施工技术研究[J].四川建材，2021，47（7）：145-147.

[72] 张聪.公路桥梁涵洞隧道工程施工技术应用研究[J].黑龙江交通科技，2021，44（2）：147-148.

[73] 张红荣.桥梁隧道工程施工中的难点和技术对策[J].黑龙江交通科技，2021，44（9）：149，151.

[74] 张建卫.道路桥梁隧道工程施工中的难点和技术对策[J].低碳世界，2021，11（5）：225-226.

[75] 张天奇.道路桥梁隧道工程施工中难点和技术对策[J].建筑技术开发，2017，44（18）：45-46.

[76] 张新.道路桥梁隧道工程施工中的难点和技术对策[J].四川建材，2020，46（7）：147-149.

[77] 张杨.公路桥梁隧道工程施工中灌浆法加固技术的应用探析[J].工程技术研究，2020，5（23）：66-67.

[78] 张正铭.道路桥梁隧道工程施工中的难点和技术研究[J].科技创新导报，2017，14（34）：41，43.

[79] 郑文超.道路桥梁隧道工程施工中的难点和技术对策研究[J].黑龙江交

通科技，2020，43（10）：133-134.
[80] 钟鸣，谢永康，刘亭玉.公路桥梁隧道工程施工中灌浆法加固技术的应用[J].大众标准化，2022（9）：59-61.
[81] 周怀青.道路桥梁隧道工程施工中的难点和技术对策[J].居舍，2021（30）：95-96.
[82] 周明.浅谈道路桥梁隧道工程施工中的难点和养护技术[J].四川水泥，2021（1）：252-253.